Napoleonische Kriege

Einheiten – Uniformen – Ausrüstung

**Torsten Verhülsdonk
& Carl Schulze**

VS-Books

Danksagung

Der Dank der Autoren geht in erster Linie an die Darstellungsgruppen und ihre Mitglieder, die mit Geduld und Engagement das Zustandekommen der vorliegenden Fotos ermöglichten, alle Wünsche bereitwillig erfüllten und Fragen nach dem Inhalt selbst der kleinsten Tasche noch geduldig beantworteten.
Für die Umsetzung manch wirren Gedankenganges in verständliche und lesbare Form möchten wir besonders Petra Linke danken.

Für Anregungen und Hinweise auf die sicherlich enthaltenen Fehler sind wir jederzeit dankbar, bitte richten Sie Ihr Schreiben an die Verlagsadresse.

Gegen DM 2,- in Briefmarken kann beim Verlag unter dem Stichwort 'Napoleonische Reenactmentgruppen' ein Verzeichnis der deutschen Gruppen und ihrer Dachverbände angefordert werden.

In Vorbereitung:

Die Deutsche Infanterie im Ersten Weltkrieg
 - Uniformen, Ausrüstung und Bewaffnung

Wikinger
 - Krieger, Seefahrer und Händler

Die Deutsche Bibliothek - CIP-Einheitsaufnahme

Napoleonische Kriege: Einheiten - Uniformen - Ausrüstung / Torsten Verhülsdonk; Carl Schulze. - Herne: VS-Books, 1996 ISBN 3-932077-00-8 NE: Verhülsdonk, Torsten; Schulze, Carl

---

ISBN 3-932077-00-8
© 1996 Windrow & Greene Ltd.
© 1996 der deutschen Ausgabe Torsten Verhülsdonk & Carl Schulze

Verlag: VS - Books Carl Schulze, Postfach 20 05 40, 44635 Herne

Dieses Werk einschließlich aller seiner Teile ist urheberrechtlich geschützt. Jede Verwertung außerhalb der engen Grenzen des Urheberrechtsgesetzes, insbesondere die Vervielfältigung, Übersetzung, Mikroverfilmung und Einspeicherung in elektronische Systeme ist ohne Zustimmung des Verlages unzulässig und wird strafrechtlich verfolgt.

INHALT

1	Vorwort	3
2	Einleitung	4
3	Neubeginn	6
4	Linien-Infanterie	8
5	Landwehr	16
6	Jäger, Schützen und Freiwilligenverbände	28
7	Königlich Deutsche Legion	32
8	Braunschweig	41
9	Sachsen	44
10	Österreich	49
11	Briten und Alliierte	56
12	42nd Royal Highland Regiment	64
13	Bewaffnung	68
14	Artillerie	77
15	Frankreich	83

VORWORT

Als vor rund zehn Jahren die ersten zaghaften Anfänge des napoleonischen Hobbys auf dem Kontinent begannen, dachte wohl keiner daran, zum 180. Jahrestag von Waterloo mit fast 5.000 Gleichgesinnten auf dem Schlachtfeld zu stehen.

Die Napoleonische Gesellschaft, deren Gruppen einen Schwerpunkt in diesem Buch bilden, hat sich Dank des Engagements vieler ihrer Mitglieder in kurzer Zeit zu einer maßgeblichen Institution im Rahmen historischer Rekonstruktionen entwickelt. Intensive Forschungsarbeit, akribisches Detailwissen und das unermüdliche Streben nach Verbesserung von Ausrüstung und Auftreten waren Voraussetzung, dieses Ziel zu erreichen.

Einen positiven Impuls gab es durch den Fall des Eisernen Vorhangs, was vielen im Osten existierenden Gruppen den Kontakt mit den hiesigen Einheiten ermöglichte und auch so manche Bereicherung mit herüberbrachte. Heute gehört es fast zur Selbstverständlichkeit, daß Gruppen aus Tschechien, Rußland oder Litauen auch als unsere Mitglieder mitmarschieren. Den engagierten Gruppen in Leipzig und Jena ist es zu verdanken, daß diese wichtigen historischen Plätze als Flächendenkmal erhalten geblieben sind und als Spielwiese genutzt werden können.

Qualität und Professionalität im Erscheinungsbild, in Drill und Waffenhandhabung sind heute Grundlagen seriöser Darstellung von Militärgeschichte. Unsere Gruppen vermitteln Geschichte zum Anfassen, was sich auch im Lagerleben offenbart. Geschlafen wird dort eben nur auf Stroh, gekocht am offenen Feuer, der Lauf mit Backsteinpulver geschmirgelt und die Lieder der Epoche gesungen. Wer richtig mit dem Herzen dabei ist, der taucht für ein, zwei Tage einfach in das Rollenspiel ein.

Während ironischerweise am Anfang für viele Gruppen das Ende der Epoche, nämlich Waterloo stand, nutzen wir heute die gesamte Bandbreite, besonders natürlich auch die 'runden' Jubiläen, die 200 Jahrfeiern. Von Valmy 1792 angefangen, über die Feldzüge an Frankreichs Ost-und Nordgrenze ging es 1996 nach Italien, wo der Stern Bonapartes aufstieg. In den kommenden Jahren können noch viele Schauplätze einer der bedeutendsten Perioden europäischer Geschichte erschlossen, mit Darstellern belebt und damit ein wenig der Vergessenheit entrissen werden.

Das Buch soll Interesse wecken für unsere Arbeit, aber auch dem Kostümbildner, Maler oder Zinnfigurensammler als Information und Anregung dienen.

Ein wichtiger Aspekt, neben aller historischen Präsentation, ist aber auch unser Zusammenspiel mit den Freunden aus ganz Europa. Hier erlebt die multinationale 'Grande Armée' eine Wiederauflage; hier sorgen persönliche Freundschaften über Grenzen hinweg dafür, daß Verständnis entsteht und die Hoffnung, daß sich keine der europäischen Nationen noch einmal mit der Waffe in der Hand gegenüberstehen muß.

An dieser Stelle sei all denen gedankt, die sich um die Entwicklung des napoleonischen Hobbys verdient gemacht haben. Hilfsbereitschaft und Kooperation vieler Sammler und Museen hat oftmals erst die Quellen erschlossen, aus denen Informationen zu Uniformen und Ausrüstung geschöpft werden konnten. Abschließend möchte ich eines

In Plancenoit, nahe des Preußendenkmals, kam es während der Waterloo-Feierlichkeiten 1995 zu einer Gefechtsdarstellung. Anschließend gedachte man gemeinsam der Toten auf beiden Seiten. Beim anschließenden Abmarsch der 'gegnerischen' Darstellungsgruppen präsentierten die Preußen das Gewehr. Eine kleine Geste, die aber viel über den Reenactor aussagt. Völkerverständigung wird hier tatsächlich praktiziert, denn man erlebt hautnah, daß die Leiden des einfachen Soldaten auf allen Seiten gleich waren.

Mannes gedenken, den ich hier stellvertretend nenne, Friedrich Bauer. Er hat in vielen Jahren als Sekretär der Napoleonischen Gesellschaft für alle diese Ideen gestanden und sein vorzeitiger Tod hat eine Lücke in unseren Reihen hinterlassen. Ihm soll dieses Buch gewidmet sein.

Alfred Umhey
Präsident,
Napoleonische Gesellschaft

Preußische Linien-Infanterie und Landwehr kämpften Seite an Seite gegen die französischen Truppen, um schließlich 1815 im Verbund mit britischen, niederländisch-belgischen, nassauischen, braunschweigischen und hannöverschen Einheiten den Weg zu einer totalen Neuordnung in Europa freizumachen.

EINLEITUNG

Reenactment, Geschichte live oder lebendige Geschichte. Die Bezeichnungen für dieses außergewöhnliche Hobby sind so vielfältig wie die dargestellten Epochen: Römer, Wikinger, Normannen, mittelalterliche Ritter, Englischer Bürgerkrieg oder Napoleonische Kriege, Amerikanischer Bürgerkrieg genauso wie der Erste und Zweite Weltkrieg. Jeder Zeitabschnitt findet seine Anhänger, hat ganz spezielle Reize. Der Wunsch, Geschichte hautnah zu erleben, nicht nur als Wissen aus Büchern zu konsumieren, liegt allen Gruppen zu Grunde. Reenactment bedeutet mehr als nur eine bunte Uniform anzuziehen. Der wirkliche Reenactor ist immer auch Historiker. Ohne Quellenstudium, Forschung, Vergleich und Wissensaustausch mit anderen Begeisterten lassen sich viele Details, für die es zum Teil nur wenige oder widersprüchliche Quellen gibt, nur mühsam rekonstruieren. Doch gerade die Forschungsarbeit und die Jagd nach neuen, belegbaren Details macht einen nicht unerheblichen Reiz dieses Hobbys aus.

Wenn auch vorrangig Interesse an der Militärhistorie ausschlaggebend ist, geht doch das tatsächliche Geschichtsinteresse des Einzelnen viel weiter. Ein Ausflug in die Geschichte kann sich zwangsläufig nicht nur auf die

Soldaten des 1. Branden-burgischen Infanterie-Regiments Nr. 8 (Leib-Regiment). Diese Gruppe ist 1994 aus dem 2. Brandenburgischen Infanterie-Regiment Nr. 12 hervorgegangen. Dieses Foto zeigt, daß auch heute die Ausrüstung nicht immer gleich sein muß. Beim Wiederaufbau der preußischen Armee herrschte ein Mangel an Ausrüstung und Waffen. So trägt der Darsteller links den preußischen Tornister Modell 1810, während der mittlere Soldat einen erbeuteten französischen Tornister trägt. Der Offizier rechts im Bild, trägt den ledernen Offiziers-tornister, schön zu erkennen sind hier auch die längeren Rockschöße.

militärischen Fragen beschränken. Vielmehr muß der Soldat, Wehrmann oder Krieger im Kontext seiner Zeit gesehen werden. Der Reenactor kämpft nicht nur in seiner Epoche, er sollte auch in seiner Ära leben - zumindest für einige Tage im Jahr. Die wirklich guten Gruppen bemühen sich daher, ihr Lagerleben so authentisch wie möglich zu gestalten. Geschlafen wird auf Stroh, gegessen werden typische Lebensmittel, die komplette Ausrüstung ist der jeweiligen Epoche so weit als möglich angepaßt. Nur so kann man Geschichte erleben, sich aus der 'Zivilisierten Welt' um 200, 500 oder sogar 2.000 Jahre zurückversetzen in eine längst vergangene Zeit.

Dieses Buch befaßt sich schwerpunktmäßig mit der Darstellung der Jahre 1813 - 1815, einer Epoche, die gekennzeichnet ist durch nationale Erhebungen gegen die französische Fremdherrschaft. In erster Linie werden Gruppen aus Deutschland dargestellt, doch fehlen hier, bei diesem in Deutschland noch recht jungen Hobby, einige wichtige Truppengattungen, ohne die die Nachstellung der Napoleonischen Kriege nicht vollständig wäre. Hier möge den Autoren ihr Blick ins europäische Ausland verziehen werden.

Aufgrund der Fülle des Materials und der umfangreichen Thematik möchten wir darauf hinweisen, daß sich alle Angaben, wenn nicht anders erwähnt, auf die preußische Armee beziehen. Die angeführten Bestimmungen und Verordnungen spiegeln in der Regel nur den Idealfall wieder. Nach den vernichtenden Niederlagen von 1806 benötigten die zerschlagenen preußischen Streitkräfte Jahrzehnte, wieder eine gleichmäßige Bewaffnung und Uniformierung zu erreichen. Trotzdem gab es auch in diesen schwierigen Zeiten unzählige Ausnahmen und Sonderregelungen für bestimmte Einheiten oder Truppengattungen, die sich aus ihren Traditionen, als

Bei größeren Veranstaltungen, wie hier in Leipzig 1993, entstehen historische Zeltlager beachtlicher Größe, in denen auch das typische Biwakleben rekonstruiert wird. Hier finden auch Frauen als Marketenderinnen eine Einsatzmöglichkeit, der Dienst an der Waffe ist ihnen aber meist verwehrt.

Auszeichnung besonderer Tapferkeit oder schlicht landsmannschaftlicher Verbundenheit ergeben haben. Gerade diese Punkte machen das Sammeln oder einfach die Beschäftigung mit der deutschen Militärgeschichte so reizvoll, und gleichzeitig für die Verfasser dieses Werkes so schwierig, in begrenztem Umfang einen interessanten Querschnitt zu bieten.

Da man in Deutschland die Beschäftigung mit dem Militär generell, sei es durch Historiker, Sammler oder Reenactor gleichermaßen skeptisch beurteilt und von den Medien als Militarist, Faschist oder bestenfalls nur als Waffennarr dargestellt wird, bleibt zu hoffen, daß das Reenactment als seriöse Auseinandersetzung mit der Geschichte weitere Anerkennung finden wird. Erste Erfolge sind hier zu verzeichnen und die Zusammenarbeit einzelner Gruppen mit Museen, im Ausland schon lange nichts außergewöhnliches mehr, zeigt, daß die eingeschlagene Richtung stimmt.

Torsten Verhülsdonk
& Carl Schulze

NEUBEGINN

Die Niederlagen von Jena und Auerstedt 1806 und die Bedingungen des Tilsiter Friedens vom 9. Juli 1807 bedeuteten das Ende der 'alten' preußischen Armee. Von ehemals 60 Infanterie-Regimentern und 8 Füsilier-Brigaden mit jeweils drei selbständigen Bataillonen überstanden nur die Regimenter 2, 8, 11, 14, 16, 42, 52 und 58 den totalen Zusammenbruch. König Friedrich Wilhelm III. verfaßte bereits am 1. Dezember 1806 eigenhändig sein "Publicandum wegen Abstellung verschiedener Mißbräuche bei der Armee". Um ein neues Heer aus den Resten der 'Alten Armee' zu schaffen, wurde unter Vorsitz des Generalmajors von Scharnhorst am 25. Juli 1807 die Militair-Reorganisations-Kommission ins Leben gerufen, aus der 1808 das Kriegsministerium hervorging. In den Jahren 1807 bis 1815 gehörten ihm so berühmte Persönlichkeiten der deutschen Militärgeschichte wie Carl von Clausewitz, August Neidhardt von Gneisenau und Hermann von Boyen an. Ein wesentlicher Punkt der Reformen lag in der Abschaffung des Adelsprivilegs bei der Besetzung der Offiziersstellen. So konnte jeder zum Offizier werden, der über die nötige Ausbildung verfügte oder sich im Krieg durch Tapferkeit und Umsicht hervortat. 1810 wurden dann auch die ersten drei preußischen Kriegsschulen zur Vorbereitung auf die Offiziersprüfung eingerichtet.

Die Gliederung der Armee wurde ebenfalls geändert. Preußen wurde in sechs Kantone aufgeteilt, die Armee gliederte sich in sechs Brigaden aus Infanterie und Kavallerie. Je Brigade sollten zwei Infanterie- und drei Kavallerie-Regimenter sowie Spezialtruppen aufgestellt werden. Die Brigaden wurden nach ihren jeweiligen Provinzen bezeichnet - Ostpreußische, Westpreußische, Pommersche, Brandenburgische, Niederschlesische und Oberschlesische. Die Regimenter erhielten eine durchlaufende Nummerierung und einen provinzbezogenen Namenszusatz; die Unterscheidung der Einheiten nach den Namen der Regimentskommandeure wurde aufgegeben. Es kam zu einem Wandel der Uniform, hin zu einem einfacheren und zweckmäßigeren Schnitt. Die Ausbildung wurde grundlegend geändert; es wurden verbindliche Reglements für alle Waffengattungen und ihr Zusammenwirken untereinander eingeführt. Man wich von der starren Lineartaktik ab und entwickelte eine bedarfsorientierte Kombination aus Schützengefecht, Bataillonskolonne und Lineartaktik.

Nach dem Frieden zu Tilsit und der Pariser Konvention war der Abzug der französischen Besatzungstruppen aus Preußen unter anderem auch durch die zahlenmäßige Beschränkung der Armee erkauft worden. Die Obergrenze der stehenden Truppen war auf 42.000 Mann festgelegt worden, die sich aus 10 Regimentern Infanterie mit 22.000 Soldaten, 10 Regimentern oder 32 Eskadronen Kavallerie mit 8.000 Soldaten, 1 Artillerie-, Mineur-und Sapeur-Korps mit 6.000 Mann und einer nicht näher bestimmten Garde von nochmals 6.000 Soldaten zusammensetzen durfte. Um dennoch über genügend, wenigstens halbwegs ausgebildete Truppen zu verfügen, wurde per Order vom 6. August 1808 das sogenannte 'Krümper-System' befohlen. Dieses System sah vor, jeweils eine bestimmte Anzahl voll ausgebildeter Mannschaften zu beurlauben und die gleiche Menge Rekruten aus dem jeweiligen Kanton als Ersatz zu ziehen. Diese Krümper wurden dann in kürzester Zeit ausgebildet und als Reserve für das stehende Heer betrachtet. So wurde die Gesamtzahl von 42.000 Soldaten nicht überschritten, und trotzdem eine höhere Zahl ausgebildeter Mannschaften herangebildet.

(Oben, links) Die Truppenfahne zum Marsch eingerollt und mit einer schwarzen Segeltuchhülle geschützt, bilden diese Preußen verschiedenster Einheiten einen Klumpen. Diese Formation diente der Rundumverteidigung gegen die Kavallerie, im Bataillonsrahmen ausgeführt sprach man von einem Karree.

(Oben) 180. Jahrestag der Völkerschlacht bei Leipzig 1993. Polnische Ulanen brechen in die Linien des Colbergschen Infanterie-Regiments Nr. 9 ein. Nahkämpfe bergen immer ein Risiko. Daher werden sie bei solchen Veranstaltungen, in Absprache mit allen beteiligten Gruppen, nur angedeutet.

(Rechts) Bei der Ausbildung der Linien-Infanterie wurde viel Wert auf das drillmäßige Exerzieren gelegt. Nur perfekt ausgebildete Truppenkörper ließen sich auf dem Schlachtfeld in einer geschlossenen Ordnung bewegen und waren in der Lage eine ausreichende Feuergeschwindigkeit zu erreichen. Die Darstellungsgruppe 1. Brandenburgisches Infanterie-Regiment Nr. 8 verläßt hier ihren Biwakplatz in einer Ferme nahe Waterloo. Die Darsteller tragen ihre Mäntel oder Decken in der damals zum Felddienst üblichen Weise, en bandelier, über dem Tornister und der rechten Schulter. Das Bajonett befand sich normalerweise immer auf der Waffe, die roten Stoffreste im Lauf sollen Schmutz und Feuchtigkeit abhalten.
(Foto: Peter J. Nachtigall)

Linien-Infanterie

Die Infanterie bildete damals wie heute die Hauptmasse der bewaffneten Streitkräfte. Sie wird, wie jede andere Waffengattung auch, in Garde- und Linien-Truppen unterschieden. Die Garde bildeten in der Regel die ältesten und traditionsreichsten Truppenteile, die sich durch besonders zackigen Drill und straffe Ordnung auszeichnen. Sie unterschied sich durch aufwendigere Uniformen sowie besondere Abzeichen von der Masse der Linie, übernahm meist repräsentative Aufgaben und galt als Haustruppe des Landesherrn. Ihre Einsatzgrundsätze unterschieden sich normalerweise nicht von der Linie, der Dienst bei der Garde war jedoch für Mannschaften und besonders für Offiziere ein Privileg.

Die Infanterie gliederte sich in schwere und leichte Truppen, wobei die Unterschiede weniger in der Bewaffnung oder Ausrüstung, sondern vielmehr in ihrer Ausbildung und Taktik lagen, die ihnen einen festen Platz in der Ordre de Bataille zuwies. Die Masse der Soldaten muß der schweren Infanterie zugerechnet werden. Sie kämpfte in Linie oder Bataillonskolonne als fester Truppenkörper, und ihr kam in der Regel schlachtentscheidende Wirkung zu, da sie das Haupttreffen und auch die Reserve bildete. Bewegungsabläufe, Ladetätigkeiten und die exakt ausgeführten Bewegungen geschlossener Ordnungen bedingten gut ausgebildete und drillmäßig exerzierte Soldaten. Als Elite der schweren Infanterie galten die Grenadiere, deren Name sich von Granate ableitet. Ursprünglich wurden nur die fähigsten Männer zum Werfen der gefährlichen Handgranaten herangezogen. In der offenen Feldschlacht war die Handgranate bald wieder in Vergessenheit geraten und die Bewaffnung der Grenadiere bestand aus der normalen Muskete. Sie waren als Flügelkompanie der Bataillone eingeteilt oder in eigenständige Bataillone und Regimenter gegliedert.

(Oben) Die Linien-Infanterie-Regimenter wurden ursprünglich nur anhand der Farbstellung von Kragen, Schulterklappen und Ärmelaufschlägen unterschieden, komplett rote Abzeichen trug das 2. Brandenburgische Infanterie-Regiment Nr. 12, wie hier. Die Aufschläge auf den Rockschößen waren für alle Regimenter rot. Die Nummern auf den Schulterklappen kamen erst nach 1815 zur allgemeinen Einführung.

Die Zentrums- oder Normalkompanien bestanden aus Musketieren, deren Bewaffnung sich jedoch nicht von den Grenadieren unterschied. Die dritte und leichte Gattung der Infanterie bildeten die Füsiliere. Sie sollten, ebenfalls mit glattläufigen Infanteriegewehren bewaffnet, das Gefecht in aufgelöster Ordnung führen - im damaligen Sprachgebrauch tiraillieren oder plänkeln. Dem Tirailleurgefecht kam keine schlachtendscheidende Wirkung zu, es sollte vielmehr den Gegner beunruhigen, ablenken und seine geschlossene Ordnung aufweichen. Füsiliere sollten auch in unwegsamen Gelände kämpfen, den Feind an seiner schwächsten Stelle angreifen und als Flankenschutz für die eigenen Truppen dienen. In Preußen begann man zunächst die Soldaten des dritten Gliedes verstärkt im zerstreuten Gefecht auszubilden, ein geringer Prozentsatz erhielt dazu auch Büchsen. Auf den Befehl 'Schwärmen' traten sie aus der Formation und bildeten Schützenzüge, die sich vor der eigenen Linie postierten. Etwa die Hälfte der Soldaten drang dann in Zweiergruppen, den Schützenrotten, gegen den Feind vor, während der Rest als Rückhalt oder Reserve galt. Die Soldaten einer Rotte unterstützten sich gegenseitig, einer schoß, während der zweite lud.

Die Zusammenfassung der Füsiliere zu eigenen Einheiten wie Füsilier-Regimentern oder den dritten Bataillonen der normalen Infanterie-Regimenter erfolgte erst später. Die Jäger und Schützen waren ebenfalls Teil der leichten Infanterie, und werden an anderer Stelle ausführlich behandelt.

Die Unterscheidung in leichte und schwere Infanterie galt grundsätzlich in allen damaligen Staaten, ihre Bewaffnung und Einsatzgrundsätze waren nahezu überall identisch. Erhebliche

Das neupreußische Infanteriegewehr Modell 1809 war während der Napoleonischen Kriege nicht für alle Regimenter verfügbar, da die Waffenproduktion nur langsam wieder angekurbelt werden konnte. Der Tschako wurde seit 1808 mit einem Bezug aus schwarzem Wachstuch getragen, um ihn vor Witterungseinflüssen zu schützen. Dieser Reenactor trägt einen französischen Tornister, der 1813-15 weitaus beliebter war.

Abweichungen gab es jedoch in der Gliederung. Die Briten faßten ihre Truppen für das Tirailleurgefecht in den durch besondere Abzeichen ausgezeichneten Light-Companies zusammen, die als Flügelkompanie der Normalbataillone eingesetzt wurden. In Frankreich wurden die sogenannten Voltigeur-Kompanien in den Bataillonen gebildet, ferner gab es noch besondere Regimenter leichter Infanterie. Hier, anders als in Preußen, bezeichnete der Terminus Füsilier den schweren Infanteristen, abgeleitet von 'fusil' für Gewehr. In anderen Staaten wurden ebenfalls leichte Verbände aufgestellt; so sind die russischen Jäger den preußischen Füsilieren vergleichbar.

Uniformen

Die Reorganisationen des Jahres 1807 brachten auch praktische Änderungen. Es wurde eine neue Uniform eingeführt, die sich grundlegend von der altpreußischen unterschied. Mit Order vom 12. November 1807 wurde ein neuer Rock, im damaligen Sprachgebrauch auch Montur oder Montierung genannt, eingeführt. Die Grundfarbe war dunkelblau, auf der Brust befanden sich zwei Reihen von jeweils acht gelben Knöpfen. (Anzumerken ist, daß im preußisch-deutschen Sprachgebrauch die Farben der Metallbeschläge und Litzen bei Gold, Messing oder Tombak als gelb, und bei Silber, Nickel oder Weißmetall als weiß bezeichnet wurden). Der Rock ging bis zur Taille, war sehr eng und figurbetont geschnitten und teilweise im Brustbereich noch mit Polsterungen versehen. Die Ärmel waren schmal geschnitten, weiter als heute üblich in den Schulterbereich eingesetzt und zusätzlich in Falten gelegt. Den Ärmelabschluß bildeten das Handgelenk eng umschließende brandenburgische Aufschläge mit einer kleinen Patte, die durch drei Knöpfe zu verschließen war, wovon der unterste meist jedoch offen getragen wurde. Am Rückenteil befanden sich zwei kurze, Wollstoff gefütterte Schöße mit innenliegenden Taschen, die roten Besatz und in Taillenhöhe zwei Knöpfe hatten. Der Kragen der Montur war ursprünglich offen und sehr hoch, wobei er mit seiner Vorderkante bis fast an die Ohrläppchen reichen sollte. Je nach Regiment trug man den Kragen steif oder weich. Zunächst wurde an der Montur nur die linke Schulterklappe getragen, erst am 30. August 1809, als festgelegt wurde, den Tornister fortan über beiden Schultern zu tragen, kam auch die rechte Schulterklappe zur Einführung. Bereits am 26. Mai 1814 wurde der hohe Kragen soweit gekürzt, daß er nur noch den Hals des Mannes umschloß und vorne mit drei Haken verschlossen werden konnte.

Als Kopfbedeckung wurde durch A.K.O. (Allerhöchste Kabinetts Order) vom 5. September 1807 ein Tschako russischer Probe bestimmt, wie er auch vor den vernichtenden Schlachten von 1806 bereits versuchsweise getragen wurde. Der Tschakokorpus war ganz aus Filz, mit einer ledernen Einfassung am unteren Rand. Der Augenschirm und der mit einem Knebel unter dem Kinn zu schließende Kinnriemen waren ebenfalls aus schwarzem Leder. Am oberen Rand war der Korpus mit einer Borte eingefaßt - weißes Band für Mannschaften und goldene Litze für Unteroffiziere.

Allen Truppengattungen der Infanterie gleich war die Rose, ein vorne am oberen Tschakorand getragenes National aus schwarzer und weißer Wolle. Als Emblem trugen die Musketiere den königlichen Namenszug aus Metall, die Füsiliere eine schwarz-weiße Kokarde unter einer Agraffe aus weißem Band für Mannschaften und Messingblech für Unteroffiziere, welche mit einem gelben Knopf in der Mitte der Kokarde befestigt wurde. Die Grenadiere trugen Adler, deren Form variieren konnte, es sind sowohl fliegende als auch heraldische Adler auf zeitgenössischen Abbildungen zu erkennen. Zum Schutz des Tschakos wurden am 23. Dezember 1808 schwarze Wachstuchbezüge eingeführt, die generell zum Dienst getragen werden sollten. Diese Überzüge umschlossen den gesamten Tschakokorpus und hatten vielfach noch einen hinten hochgeschlagenen Nackenschutz, den man bei Regen herunterklappte. Befestigt wurde der Bezug hinten mittels zweier Bänder. Häufig wurden auch Tschakos ohne jeden Zierat im Bezug getragen oder Teile des Zierats am Bezug befestigt.

Während des Rußland-Feldzuges 1812 kam erstmals das neue Tschakomodell an die preußischen Hilfstruppen zur Ausgabe, welches einen Lederdeckel und lederne Verstärkungsstreifen an den Seiten hatte. Der Knebel des Sturmriemens wurde jetzt durch eine Schnalle ersetzt. Dieses Modell war bereits bei der Kavallerie eingeführt und hatte sich bewährt. Die Form des Nationals änderte sich, es sollte jetzt oval getragen werden. Die Kinnriemen wurden jetzt bereits vereinzelt durch Schuppenketten ersetzt, verbindlich vorgeschrieben für alle Einheiten wurden sie aber erst Mitte der 30er Jahre.

Die Reorganisationen brachten außerdem eine Verringerung des Trosses mit sich, wodurch die Zelte aus dem Etat der Truppen fielen. Statt dessen kam der durch König Friedrich Wilhelm I. abgeschaffte Mantel durch A.K.O. vom 6. November 1807 wieder zur Einführung. Er reichte bis an die Wade, war grau, wahrscheinlich ungefüttert und hatte im (►12)

(Oben, links) Die gelbe Litze am Kragen und um den Ärmelaufschlag weißt diesen Angehörigen des Leib-Regimentes als Unteroffizier aus. Beim offenen Kragen lief die Litze noch unten herum, ab 1814, mit Einführung des geschlossenen Kragens, saß sie am oberen Rand. Er trägt ein frühes Tornistermodell mit schmalen Schulterriemen und einem losen Brustriemen. Die Feldflasche ist zivilen Ursprungs, dienstlich gelieferte Flaschen sollten erst 1867 eingeführt werden. Das Pferd gehört seinem Offizier, denn nur diese waren bei der Infanterie beritten.

(Oben) Dieser feldmarschmäßige Pionier-Offizier trägt bereits die 1814er Uniform mit geschlossenem Kragen, der wie die Ärmelaufschläge aus schwarzem Samt gefertigt war. Der Offizierstornister, wurde 1809 für die Infanterie und 1810 für die Ingenieure eingeführt.

(Oben, rechts) Infanterist des 2. Pommerschen Infanterie-Regiments Nr. 9. Er trägt die Lager- oder Feldmütze mit einem Besatzstreifen in Kragenfarbe. Feldflasche und Becher sind privat beschafft. Er trägt weiße Leinenhosen über den Schuhen mit kurzen schwarzen Leinengamaschen.

(Rechts) Als preußische Einheiten 1812 als Hilfstruppen unter Napoleon nach Rußland marschierten, erhielten sie die Order, am Tschakobezug ein Erkennungszeichen anzubringen. Die A.K.O. bestimmte, daß Kokarden von gebranntem und lackiertem Leder anzunähen seien. Stattdessen wurden sie häufig einfach direkt auf den Bezug gemalt. Der Feldzug endete für die Preußen im Dezember 1812 mit der Konvention von Tauroggen. Sehr zum Mißfallen von Friedrich Wilhelm III. hatte Generallt. Yorck auf eigene Faust einen Neutralitätsvertrag mit dem russischen Generalmajor Diebitsch abgeschlossen und somit de facto das preußisch-französische Zwangsbündnis beendet. (Foto: Peter J. Nachtigall)

(Links) Diese rekonstruierten benagelten Halbschuhe sind typisch der damalige Zeit. Die Schuhe unterschieden sich nicht nach links und rechts und regelmäßiges Wechseln sorgte für eine gleichmäßige Abnutzung.

(Unten) Marscherleichterung - dieser Colberger hat seinen Tschako auf dem Tornister festgebunden und trägt stattdessen die graue Feldmütze. Den Messingbeschlag der Patronentasche zierte bei den Grenadieren und Musketieren ein Adler über Trophäen. Die Füsiliere trugen keinen Beschlag.

(Rechts) Das Waterloo-Reenactment 1995 zeichnete sich durch authentisches Wetter aus. In den Tagen zuvor kam es immer wieder zu Schauern, und am Tag der Schlacht verzogen sich die Wolken nach einer verregneten Nacht erst gegen 9.30 Uhr. Besonders die Artillerie und der Troß hatten unter den Straßenverhältnissen zu leiden. Doch auch die Infanterie hatte erhebliche Probleme mit dem Anmarsch, zeitgenössische Quellen beschrieben den Schlamm als teilweise knietief. Die Soldaten die ein Paar Stiefel besaßen konnten sich glücklich schätzen, vielfach waren jedoch nur Halbschuhe vorhanden.

(10►)
Rücken fünf bis sechs Falten die von der Kragennaht abwärts liefen. Über einen geknöpften festen Gurt wurde das Rückenteil zusammengehalten. Der Mantel war zugleich Schutz gegen Regen und Kälte sowie Decke zum Schlafen, wenn im Freien biwakiert werden mußte.
Die knöchellangen Hosen aus Wolltuch waren grau, an der Wade eng anliegend, und verfügten aus diesem Grund seitlich über drei Knöpfe. Sie wurden mit wadenhohen, schwarzen Tuchgamaschen getragen, welche ebenfalls seitlich mit tuchbezogenen Knöpfen verschlossen wurden. 1813 wurde eine weiter geschnittene Hose eingeführt, die vorne einen Latz besaß, der bis an die Seitennähte verbreitert war. Die Hosenbeine fielen jetzt lose über die teilweise benutzten Stiefel. Im Sommer trug man weiße Leinen-Pantalons mit kurzen schwarzen Gamaschen.
Das Schuhzeug bestand zunächst aus Schnürschuhen mit genagelter Sohle, später wurden teilweise auch kniehohe Stiefel eingeführt.

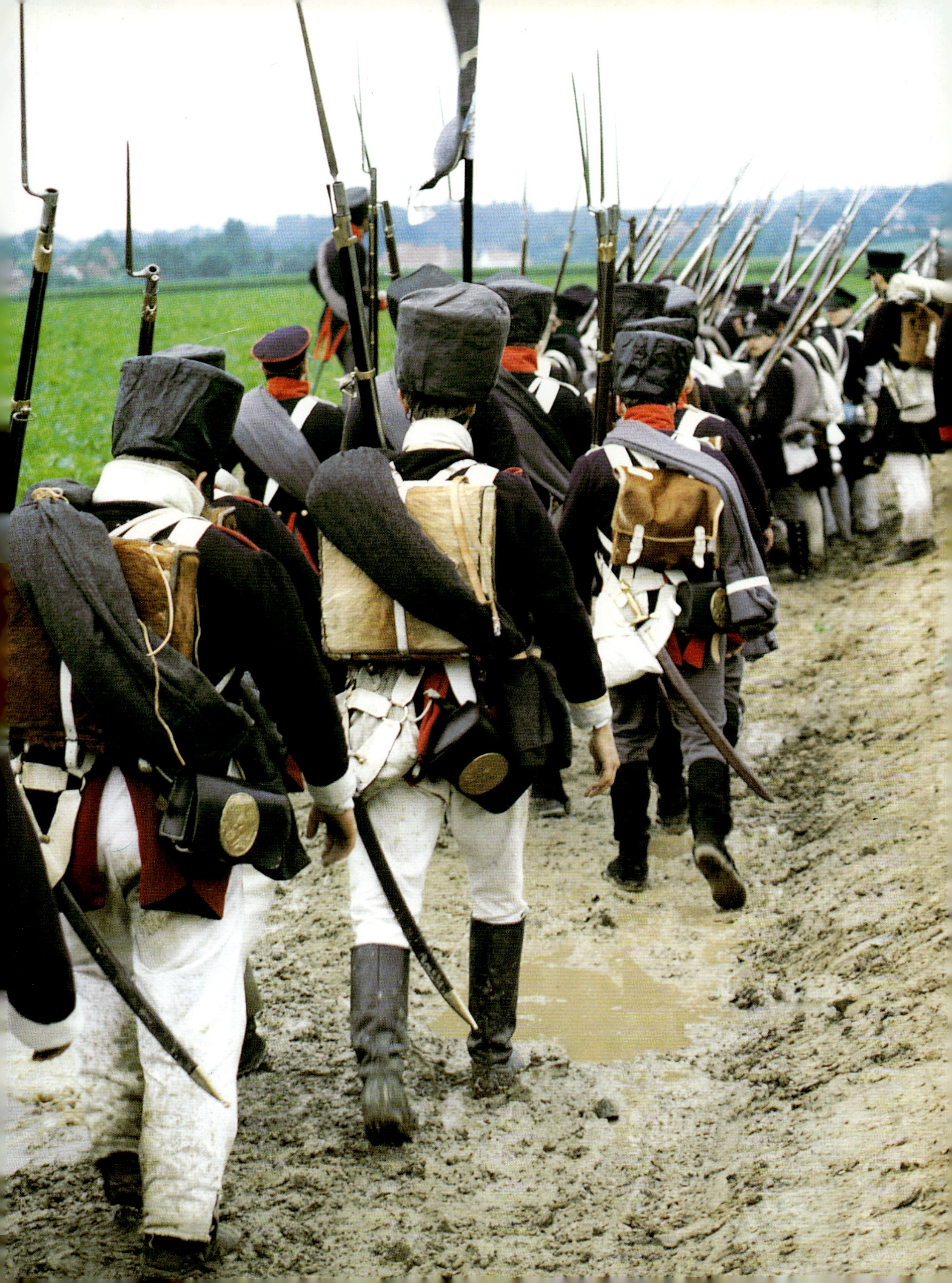

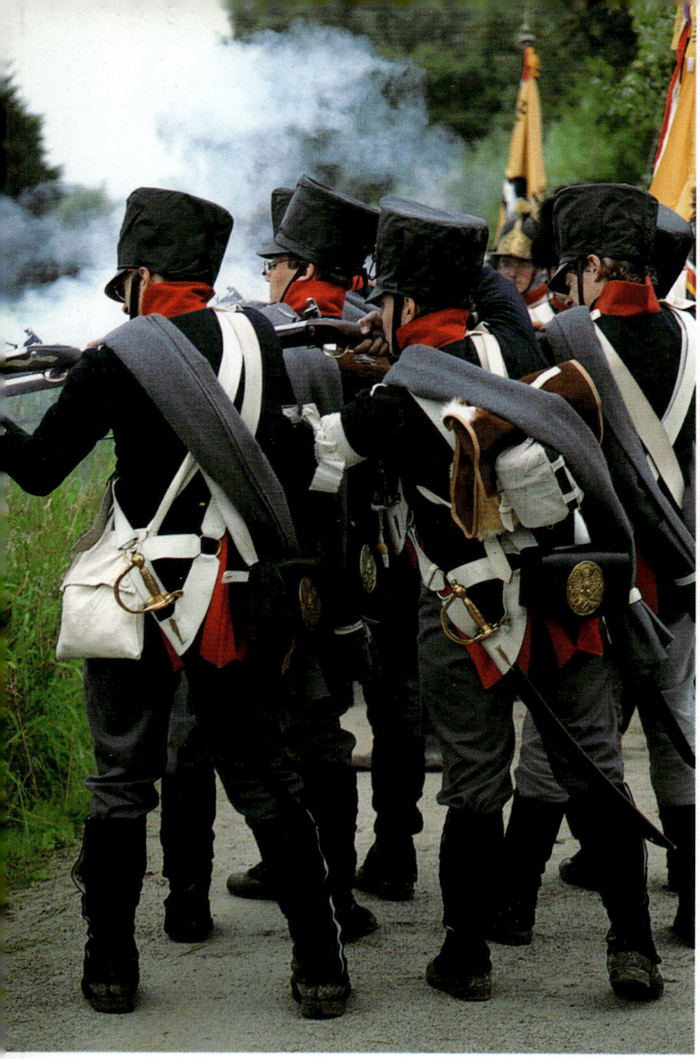
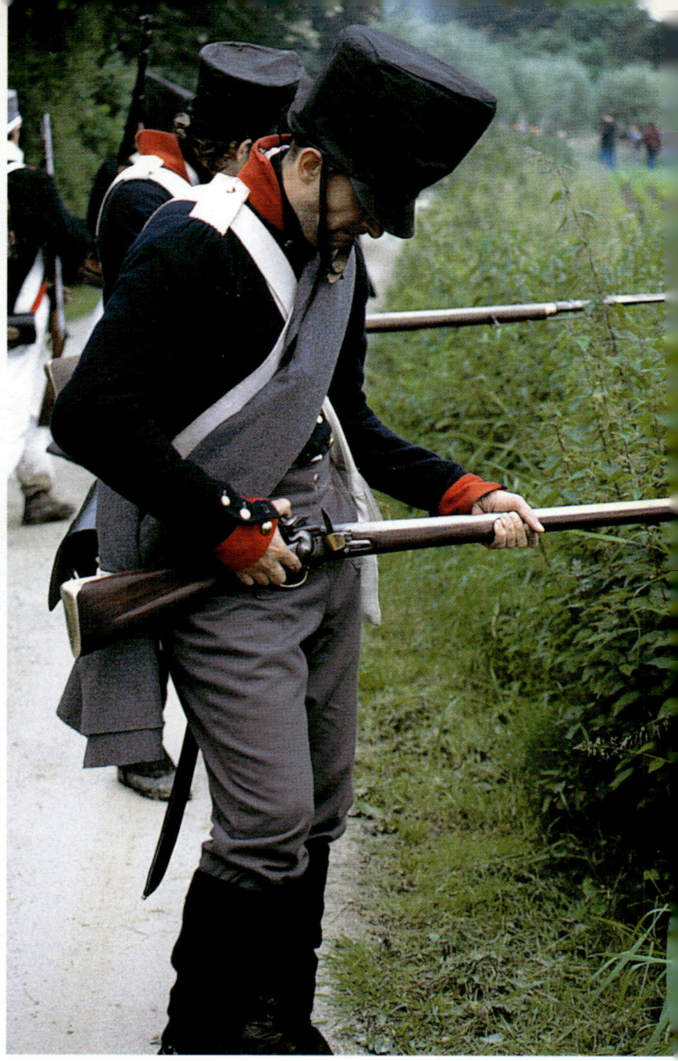
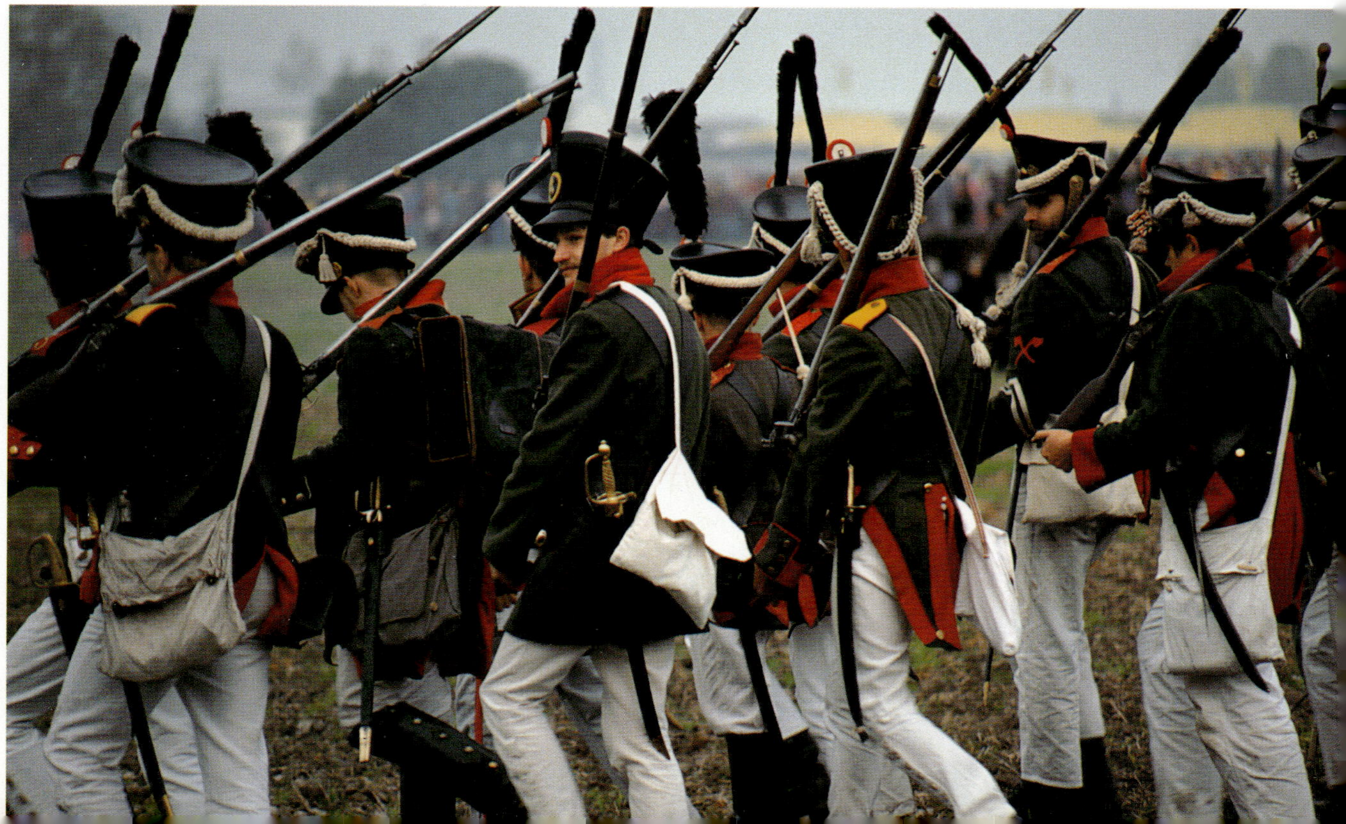

(Oben, außen links) Zum Feuern wurde eine Linie zu zwei Gliedern gebildet. So war der Feuerschlag besonders konzentriert und die Trefferwahrscheinlichkeit stieg. Bei der Blankwaffe handelt es sich um das altpreußische Modell 1715.

(Oben, links) Dieser Angehörige des Leib-Regiments spannt gerade den Hahn seiner Brown Bess, die aus einer Hilfslieferung stammen könnte. Die weißen Schulterklappen unterscheiden ihn vom 2. Brandenburgischen Regiment, welches rote Klappen trägt.

(Oben) Während sich die französischen Truppen in Linie nähern, werden sie bereits von den Plänklern unter Feuer genommen, welche aus den besten Schützen der Einheit ausgesucht wurden.

(Außen links, und links) Bei der Kayserlich-Russisch-Deutschen Legion handelte es sich um einen 1812 in Rußland aufgestellten Verband aus deutschsprachigen Freiwilligen. Die Legion sollte den Abwehrkampf der Russen gegen Napoleon unterstützen und anschließend auf deutschem Boden weiterkämpfen. Die Briten sorgten für die Finanzierung. Unter den preußischen Offizieren der Legion dürfte Carl von Clausewitz der wohl bekannteste sein. 1813/14 nahm die rund 8.500 Mann starke Legion als Teil des Korps Wallmoden an den Feldzügen der Nordarmee teil. Nachdem der Sold für einige Monate ausgeblieben war und weil Unklarheit über die weitere Verwendung der Legion noch herrschte, machte sich eine wachsende Unruhe unter den Soldaten breit. Schließlich wurde den nichtpreußischen Angehörigen die Entlassung angeboten, der Rest wurde auf die sächsischen und bergischen Einheiten verteilt, die dem preußischen Heer einverleibt wurden. Ihr Titel änderte sich in Deutsche Legion und bereits 1815 wurden ihre verbliebenen zwei Infanterie-Regimenter als Nr. 30 und 31 völlig der preußischen Armee angegliedert. Aus den zwei Husaren-Regimentern wurde die 8. Ulanen errichtet und die Legion am 18. April 1815 offiziell aufgelöst.

LANDWEHR

"An mein Volk" - mit diesen Worten begann der Aufruf Friedrich Wilhelm III. vom 17. März 1813, mit dem er die 'Verordnung über die Organisation der Landwehr' verkünden ließ und der sein Volk zu den Waffen und zum Kampf gegen die französische Fremdherrschaft aufrief. Der Landwehrpflicht unterlagen alle wehrfähigen Männer zwischen dem 17. und 40. Lebensjahr, so sie nicht dem stehenden Heer oder einem freiwilligen Jäger-Detachement angehörten. Die auf einem Entwurf des Generalmajor Gerhard von Scharnhorst basierende Verordnung stellt de facto den Beginn der allgemeinen Wehrpflicht in Preußen dar, war jedoch zunächst nur auf die Dauer des Krieges gegen Frankreich und seine Verbündeten befristet. Als Vorbilder dienten die 1808 in Österreich und 1812 in Rußland aufgebotenen Landwehren. Im Gegensatz zum Konskriptionssystem der französischen Armee und der mit Napoleon koalierenden Rheinbundstaaten, umfaßte das preußische Wehrpflichtsystem alle männlichen Bürger der entsprechenden Altersklassen. Es gab keine Ausnahmen nach Stand oder Gewerbe, die Stellvertretung oder der Loskauf gegen eine bestimmte Befreiungstaxe waren ausgeschlossen.

Die Aufbietung der Landwehr erfolgte nach Provinzen. Die Stärke der aufzustellenden Verbände richtete sich nach den Bevölkerungszahlen und wurde von Seiten der Regierung festgelegt. Mit der Umsetzung der Aufstellung und Ausrüstung wurden die Provinzial-Landstände betraut.

In die Landwehren traten hauptsächlich völlig unausgebildete Kräfte ein, die zumeist aus jungen, unverheirateten Freiwilligen bestanden. Nur die Stellen, welche nicht mit Freiwilligen besetzt werden konnten, wurden mittels Losverfahren aus den Wehrpflichtigen der Provinz gezogen. Somit ergab sich während der Befreiungskriege ein erheblich niedrigerer Altersdurchschnitt bei der Landwehr als in späteren Kriegen. Die Aufstellung der Landwehr verlief nicht überall problemlos. In den durch die Feldzüge der vergangenen Jahre besonders betroffenen Provinzen Ostpreußen, Kurmark und Neumark eilten die Freiwilligen jedoch mit besonderem Eifer zu den Fahnen, um gegen die jahrelange Unterdrückung zu kämpfen.

Eine Besonderheit der Landwehr war, daß die Mannschaften ihre Unteroffiziere selbst wählten. Die Offiziere der Landwehr, bis zum Kompaniechef aufwärts, wurden von den Provinzial-Landständen, vorbehaltlich der königlichen Bestätigung, ernannt. Bei der Besetzung höherer Offiziersposten hatten die Ausschüsse der Provinzial-Landstände noch ein Vorschlagsrecht.

Der auf österreichische Initiative am 4.6.1813 bei Pläswitz geschlossene, und nach einer Verlängerung bis zum 10.8.1813 andauernde Waffenstillstand wurde zur Ausbildung der Landwehr genutzt, die sich anschließend an der Seite des Feldheeres bewährte. Bei Ende des Waffenstillstandes waren 149 Bataillone einsatzbereit. Jeweils drei bis vier Bataillone bildeten Landwehr-Infanterie-Regimenter, die provinzweise durchnummeriert waren. Die Gefechte bei Großbeeren, Katzbach, Hagelberg und Dennewitz im August und September 1813 können als Bewährungsproben für die Landwehreinheiten angesehen werden. Zwischen 1813 und 1817 wurden insgesamt 5 Ostpreußische, 3 Westpreußische, 3 Pommersche, 7 Kurmärkische, 3 Neumärkische, 15 Schlesische, 10 Westfälische, 1 Berg'sches, 4 Elb, 2 Obersächsische, 2 Thüringische, 8 Rheinische, 5 Posensche und 1 Stralsunder Landwehr-Infanterie-Regiment aufgestellt.

(Oben und rechts) Offizier und Männer des Landwehr-Bataillons-Höxter, des 1. Bataillons des 5. Westfälischen Landwehr-Infanterie-Regiments. Der Offizier trägt die für Offiziere typischen weißen Handschuhe und die grüne Farbe Westfalens, obwohl viele ihre vielfache Ausrüstung selbst mit zum Dienst brachten. Das Abzeichen der Landwehr war ein eisernes Kreuz. Das Motto in den Kreuzarmeen lautet: "Mit Gott für König und Vaterland".

Uniformen

Die Uniformierung der Wehrmänner war denkbar einfach. Sie bestand hauptsächlich aus einer dunkelblauen Litewka mit doppelter Knopfreihe und Kragen in der Farbe der jeweiligen Provinz, wobei teilweise auch die Ärmel mit einem farbigen Aufschlag versehen waren. In Ermangelung ausreichender militärischer Röcke waren die zivile Sonntagsröcke blauer oder schwarzer Farbe, nach Anbringung entsprechender Krägen und Aufschläge genehmigt. Da auch diese nicht in ausreichender Zahl zur Verfügung standen, kamen praktisch auch Bekleidungsstücke anderer Farben zum Einsatz. Die Schulterklappen sollten zunächst in der Farbe des Bataillons weiß (1.), rot (2.), gelb (3.) oder hellblau (4.) sein. Auf den Klappen war eine Anbringung der Regimentsnummer in Wolle, Schnur oder farbigem Tuch möglich, die Handhabung von Einheit zu Einheit jedoch verschieden. Landwehr-Infanterie-Regimenter wie das erst 1814 aufgestellte 5. Westfälische, die nicht zu den Einheiten der ersten Stunde zählten, erhielten, in Anlehnung an die jeweiligen Linien-Infanterie-Regimenter, zeitgenössischen Quellen nach schon Schulterklappen in der jeweiligen Abzeichenfarbe des Regiments.

17

Graue Tuchhosen waren ebenfalls nicht in ausreichender Anzahl vorhanden, so daß weiße Leinenhosen neben zivilen Beinkleidern getragen wurden. Stiefel, Schuhe und Gamaschen wurden je nach Verfügbarkeit getragen und entsprachen vielfach dem, was der Wehrmann trug, als er zum Dienst antrat.

Als Kopfbedeckung wurde eine Mütze mit dunkelblauem Deckel und Band in Provinzfarbe getragen. Der Schirm war aus schwarzem Leder gefertigt, ebenso wie die auf dem Mützenband getragene Kokarde, deren äußerer Rand weiß lackiert war. Über der Kokarde saß das weißblecherne Landwehrkreuz mit der Beschriftung 'Mit Gott für König und Vaterland 1813'. Es kamen jedoch auch einfache Kreuze ohne Beschriftung vor, die einfach aus Blech oder sogar Stoff geschnitten waren. Der Schnitt der Mütze war anfangs dem Tschako nachempfunden, der Deckel war steif und oben etwas breiter. Der Deckelvorstoß in der Farbe des Besatzstreifens wurde am 31.5.1814 eingeführt.

Die Ausrüstung der Wehrmänner bereitete zunächst größte Probleme. Es mangelte an allem. Da nicht in ausreichender Zahl Gewehre zur Verfügung standen, wurden anfangs an die im ersten Glied stehenden Landwehrmänner noch Piken ausgegeben. Zeitgenössische Abbildungen zeigen auch Truppen mit bäuerlichem Gerät als Waffe. Erst nach und nach wurden Schußwaffen für alle Bataillone in ausreichender Zahl verfügbar. Es kam praktisch alles zur Ausgabe, angefangen von Beutewaffen über Hilfslieferungen aus England bis hin zu Waffen, die aus verschiedensten Ersatzteilen montiert wurden. Die Ausstattung mit Blankwaffen war ähnlich vielfältig, sie reichte von altpreußischen Stücken bis zu Beutewaffen jeder Art. 1813 waren teilweise nicht einmal für die Unteroffiziere Säbel in ausreichender Stückzahl verfügbar. Als Seitengewehr sollten daher bei der Landwehr auch Äxte oder Spaten geführt werden. Die Patronentasche wurde sowohl mit schwarzem als auch weißem Bandelier getragen, ihr Deckel trug offiziell keinen Beschlag.

Für die persönliche Ausrüstung mußte oftmals der Brotbeutel ausreichen, denn die Tornister aus Kalbfell waren Mangelware. Beliebter als die preußischen Tornister oder die teilweise vorhandenen, äußerst unbequemen englischen Trotter's-Patent-Knapsacks, waren erbeutete französische Felltornister.

(Unten) Tornister- und Brotbeutelinhalt eines Wehrmannes, der sich nicht wesentlich von dem der Linien-Infanterie unterschied. Ersatzschuhe waren Luxus, oft waren Holzpantinen die einzigen Schuhe des Wehrmannes. Unter dem Brotbeutel befindet sich sein Waffenreinigungszeug. In dem Sack befand sich wahrscheinlich ein Ölfläschchen, vielleicht ein Federspanner und eine Dose mit Ziegelstaub zum Polieren der Waffen. Auf seinem Wechselhemd liegt das Nähzeug, Schreibzeug, eine Zeitung und ein Kartenspiel. Rechts neben Teller, Tasse und Besteck befinden sich eine Unterhose sowie Strümpfe auf demWäschebeutel. Darunter auf dem Leinenhandtuch das Waschzeug mit Seife, Zahnbürste, Zahnpulver und Spiegel. In dem Lederbeutel links davon wurde eine Dose Lederfett für die Ausrüstung verwahrt. Die Bürsten wurden zur Reinigung der Bekleidung und Ausrüstung verwendet. Vervollständigt wird der Tornisterinhalt durch eine Wäscheleine und einige Klammern sowie den Beutel mit Stahl und Feuerstein.

(Rechts) Die Litewken der Landwehr entsprachen dem Schnitt der zivilen Röcke, eng und figurbetont. Die Ärmel waren faltig und recht weit in den Schulterbereich eingesetzt.

(Unten) Die Ausrüstung des Landwehrmannes. Seine persönlichen Dinge befinden sich im Brotbeutel und dem Tornister, auf dessen Ecke die Lagermütze liegt. Bei der Muskete handelt es sich um eine französische Beutewaffe Modell 1777 mit nachträglich angebrachtem Feuerschirm. Das Säbelmodell ist altpreußisch, und hier ist sogar eine Scheide für das Bajonett vorhanden. In der Patronentasche befinden sich Papierpatronen, einige Ersatzfeuersteine, ein Röhrchen mit Öl sowie das Musketenwerkzeug. Häufig war noch ein Beil als Werkzeug und manchmal sogar eine Flöte vorhanden.

(Oben) Die Landwehr bestand zum größten Teil aus ungedienten Freiwilligen. Es standen nur wenige Monate zur Verfügung, um aus den Handwerkern und Bauern Soldaten zu machen, sie einzukleiden, zu bewaffnen und auszurüsten. Besonders die Bewaffnung stellte ein Problem dar. In den Bataillonen und teilweise selbst einzelnen Kompanien gab es unterschiedliche Schußwaffen, reichten doch die Fertigungskapazitäten der Waffenfabriken kaum für die Linientruppen. Die abweichenden Kaliber der preußischen, britischen, russischen und französischen Gewehre erschwerten zusätzlich natürlich die Versorgung mit Munition.

(Rechts) Bei der Landwehr weit verbreitet und auch geduldet - Bärte. Bei der Waffe handelt es sich um eine Brown Bess, wie sie von den Engländern in großen Mengen als Waffenhilfe geliefert wurden. Nach A.K.O. sollte die Landwehr mit schwarzem Lederzeug, das eigentlich den Jägern, Schützen und Füsilieren vorbehalten war, ausgestattet werden. Weiß-sämisches, wie hier im Foto, kam aufgrund erheblicher Versorgungsengpässe aber auch zur Ausgabe.

Diese Fotos eines Wehrmannes der 5. Westfalen verdeutlichen sehr schön, wie die Landwehr 1815 ausgesehen haben könnte. Er trägt eine Litewka mit westfälisch-grünem Kragen und Ärmelaufschlägen sowie grüne Schulterklappen für das 5. Regiment. Der Schnitt der Ärmel – im Schulterbereich weit und am Unterarm eng anliegend – ist gut zu erkennen. Dazu trägt er eine Mütze in der typischen Landwehrform, da keine Tschakos vorhanden waren. Die Mütze hat bereits den 1814 eingeführten Deckelvorstoß in der Farbe des Besatzstreifens. Das Landwehrkreuz wurde wie die Lederkokarde angenäht. Es gab eine Order, erbeutete französische Tschakos zur Ausrüstung der Landwehr zu sammeln. Graue Tuchhosen waren Mangelware, die Landwehr bekam daher meist Leinenpantalons, die mit Schnürschuhen und kurzen Gamaschen getragan wurden. Die Ausrüstung dieses Soldaten besteht aus einer Patronentasche an einem weißen Bandelier sowie einem extra Bandelier für den Infanteriesäbel. Sein Rucksack ist französischen Ursprungs. Auf dem Rucksack konnte die Decke oder, falls vorhanden der Mantel festgeschnallt werden.

(Oben) Um sich gegen feindliche Reiterei zu verteidigen, blieb kleineren Gruppen nur die Aufstellung Rücken an Rücken. Diese Formation nannte man Klumpen. Die uneinheitliche Ausrüstung der Landwehr wird auf diesem Foto deutlich.

(Links) Die weiß-schwarze Tresse am Kragen dieses Landwehrmannes zeigt daß es sich um einen Unteroffizier handelt. Unter der geöffneten Litewka sieht man die damals übliche Weste, die über dem Hemd getragen wurde. Die Farbe des Basatzstreifens und des Deskelvorstoßes der Mütze richtete sich bei der Landwehr-Infanterie nach der landsmannschaftlichen Zugehörigkeit. Grün repräsentierte die Provinz Westfalen.

(Oben) Diese Gruppe schlesischer Wehrmänner dürfte in ihrer wenig einheitlichen Bekleidung und Ausrüstung, mit Piken, verschiedenen Musketen und sogar bäuerlichen Geräten, dem Erscheinungsbild der Landwehr von 1813 recht nahe kommen. Die Truppen der Provinz Schlesien hatten als Abzeichenfarbe gelb, die roten Schulterklappen kennzeichnen das 2. Bataillon eines Regiments. Zwei der Wehrmänner haben die Schlösser ihrer Gewehre zum Schutz vor Feuchtigkeit mit Lappen umwickelt.
(Foto: Peter J. Nachtigall)

(Links) Tornister waren Mangelware, häufig hatten die Wehrmänner nur Leinenbeutel zur Unterbringung ihrer Habseligkeiten.

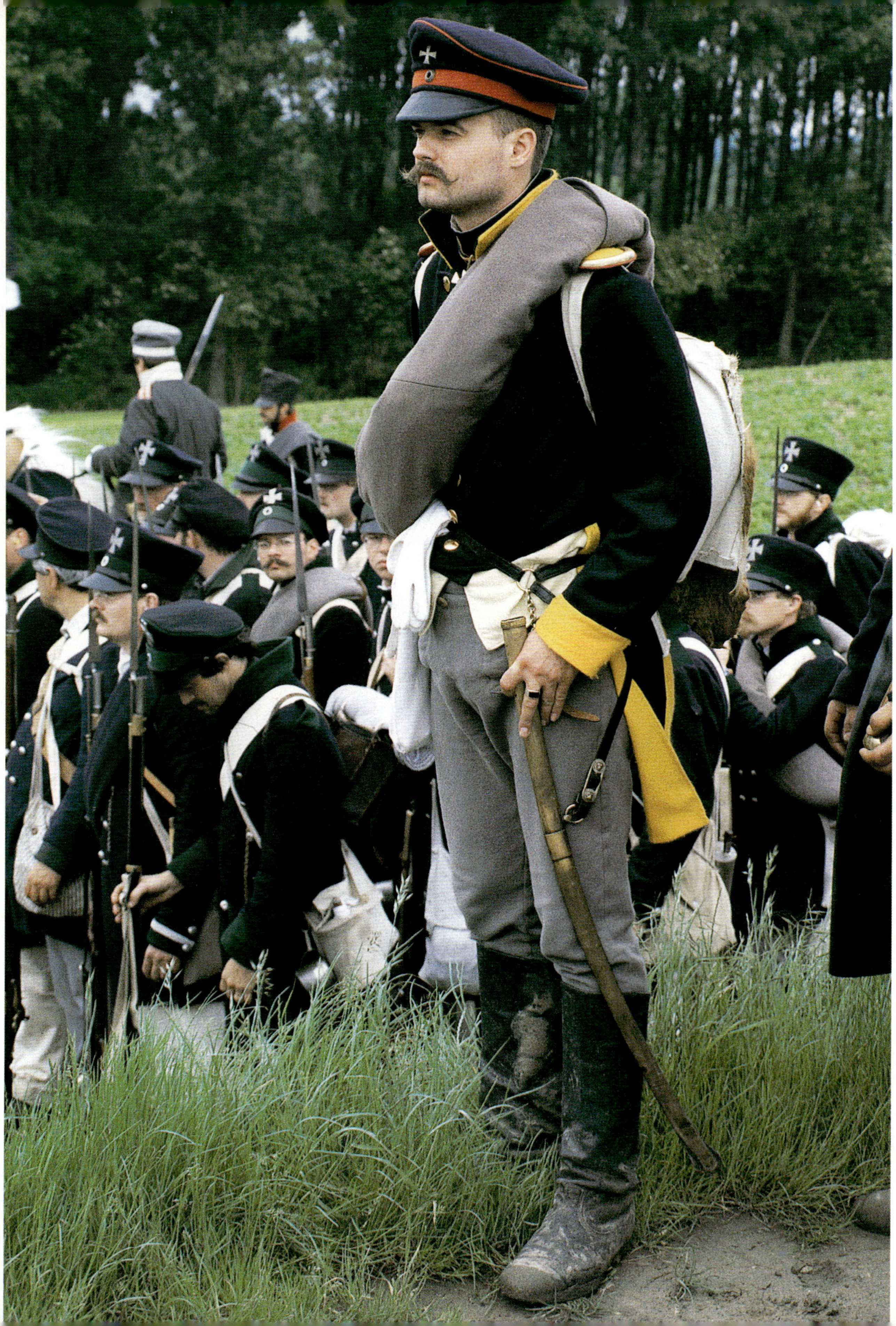

(Links) Dieser Offizier der Schlesischen Landwehr trägt einen Offiziersrock, der im Schnitt dem der Linien-Infanterie entspricht, jedoch keine Ärmelpatten hat. Die Abzeichenfarbe gleicht der der Mannschaftsuniform. Die Epauletten wurden erst 1813 als Dienstgradabzeichen für Offiziere eingeführt. Ab 1808 wurden Mannschaftsklappen mit Tressenbesatz getragen. Als Waffe trägt er einen Füsiliersäbel mit der damals modischen Messingscheide, die nach den Befreiungskriegen durch eine A.K.O. verboten wurde. Bei der Mütze wird es sich um eine Eigenmächtigkeit des Offiziers handeln, denn die Farbe von Besatzstreifen und Deckelvorstoß müßte eigentlich gelb sein.

(Rechts) Die Kurmärkischen Landwehr-Regimenter hatten ponceaurot als Abzeichenfarbe ihrer Provinz und gelbe Knöpfe. Die blauen Schulterklappen dieses Unteroffiziers weisen auf seine Zugehörigkeit zum 4. Bataillon des Regiments hin. Das Lederzeug ist schwarz und am altpreußischen Infanteriesäbel hängt die schwarz-weiße Troddel für Unteroffiziere.

(Links) Ein Unteroffizier des 4. Bataillons des 3. Kurmärkischen Landwehr-Infanterie-Regiments hilft einem 'verwundeten' Kameraden.

(Links) Das Reenactment-Hobby umfaßt mehr als nur die Beschäftigung mit den großen Schlachten der jeweiligen Epoche. Die Zeitreise wird erst durch die möglichst authentische Darstellung der kleinen Details des täglichen Lebens realistisch. Ein gutes Biwak, wie hier bei den Westfalen, ist daher unverzichtbar.

(Oben) Westfälische, Kurmärkische und Schlesische Landwehr formen ein Karree. Diese Verteidigungsform gegen Kavallerieattacken war sehr wirkungsvoll, wenn die Soldaten mit der Feuereröffnung lange genug warteten. Schossen sie zu früh, war die Wirkung ihrer Salve gering, und bevor sie nachladen konnten bestand die Gefahr, von den Reitern niedergemacht zu werden. Die Fahne im Hintergrund gehört nicht zur Landwehr, schwarz-weiße Fahnen führte die Linien-Infanterie.
(Foto: Peter J. Nachtigall)

(Links) Auf ihrem historischen Marsch über Ligny und Wavre nach Waterloo wurde die 'Preußische Brigade' von Bagagewagen begleitet. Die mitreisenden Marketenderinnen sorgten für das leibliche Wohl der Darsteller, deren Weg über historischen Boden führte.

(Oben, rechts) 5. Westfälisches Landwehr-Infanterie-Regiment auf dem Marsch nach Waterloo, anläßlich der 180 Jahrfeiern 1995. Verschiedene Darstellungsgruppen der Napoleonischen Gesellschaft folgten hier, begleitet von britischer Kavallerie, abseits des kommerziellen Touristenspektakels, über mehrere Tage dem historischen Anmarschweg der preußischen Truppen.

Jäger, Schützen und Freiwilligenverbände

Obwohl im Reenactment nur spärlich vertreten, sollen diese Eliteeinheiten nicht unerwähnt bleiben.
Die Aufstellung erster stehender Jäger-Truppen geht auf das Jahr 1744 und das unter Friedrich II. errichtete Feldjäger-Corps zurück. Es wurden auch früher schon bei bewaffneten Konflikten Einheiten aus gelernten Forstleuten aufgestellt, doch regelmäßig in Friedenszeiten wieder in ihre Reviere entlassen. Die Jäger bewährten sich, wann immer sie entsprechend ihrer Fähigkeiten als leichte Truppen eingesetzt wurden, herausgelöst aus dem starren Verband der Linien-Infanterie. Unfähige Offiziere und falsche Taktiken ließen sie jedoch blutiges Lehrgeld zahlen.

Durch persönliche Protektion Friedrichs des Großen, der die Möglichkeiten seiner Jägertruppe erkannte, wurden ihre Stärken immer weiter ausgebaut. Wichtige Impulse gingen von abkommandierten hessischen Offizieren aus, die während des amerikanischen Unabhängigkeitskrieges mit ihren leichten Truppen praktische Erfahrungen sammeln konnten. Die Jägerausbildung wurde kriegsnaher und weiter perfektioniert, besonders nachdem der fähige und im 'kleinen Kriege' gewandte Major von York 1799 das damalige Feldjäger-Regiment übernahm. In den 1806 bei Jena und Auerstedt geschlagenen Schlachten traten die Jäger zwar nicht an, zeichneten sich dafür aber bei den hinhaltenden Rückzugsgefechten aus. Mit Blüchers Kapitulation in Lübeck und der Gefangennahme des Verwundeten Oberst von Yorck kam jedoch auch das Ende des Jäger-Regiments.

Bereits 1808 befahl König Friedrich Wilhelm III. per A.K.O. im November die Neuerrichtung der Jägertruppe. Den Stamm der wiedererrichteten Truppengattung bildeten das 1. oder Garde-Jäger-Bataillon in Brandenburg, das 2. Ostpreußische-Jäger-Bataillon sowie das schlesische Schützen-Bataillon. 1814 wurde aus dem an Preußen zurückgefallenen Fürstentum Neufchatel und weiteren Schweizer Kantonen das Garde-Schützen-Bataillon errichtet. Im Juni 1815 folgte als drittes Jäger-Bataillon ein Madgeburgisches, und bereits im Oktober wurde ein viertes rheinisches Schützen-Bataillon aufgestellt.

Uniformen

Die Uniformen der Jäger der Befreiungskriege entsprachen vom Schnitt her denen der Infanterie. Die Montur war grün mit gelben Knöpfen. Kragen, schwedische Aufschläge, Schoßbesatz und Vorstöße waren rot, nur das Garde-Bataillon trug gelbe Litzen. Bei den schlesischen Schützen waren die Kragen und Schulterklappen schwarz mit rotem Vorstoß. Die Aufschläge waren von brandenburgischer Form, schwarz mit rotem Vorstoß, die Patte grün und ohne Vorstoß mit den üblichen drei Knöpfen.

Die Garde-Schützen trugen auf den schwarzen, rot vorgestoßenen Kragen gelbe Litzen, rote Schulterklappen und französische Aufschläge, die sich von den brandenburgischen durch eine geschweifte Patte unterschieden. Die 1815 neuerrichteten Einheiten erhielten für das magdeburgische Bataillon gelbe, das rheinische Schützen-Bataillon rote und die schlesischen Schützen tauschten ihre schwarzen gegen weiße Schulterklappen.

Die Kopfbedeckung war der Infanterietschako ohne Randborte. Als Emblem trug die Garde einen Messingstern, die Ostpreußen Lederkokarde und Agraffe aus Tresse, die bei den schlesischen

Freiwilliger Jäger des 1. Brandenburgischen Infanterie-Regiments Nr. 8. Die Uniform der Freiwilligen entsprach der der regulären Jäger, wurde jedoch von ihnen selbst bezahlt und variierte deshalb, da sie von der persönliche Finanzlage des Jägers abhing. Die Farbe von Kragen, Ärmelaufschlägen und Schulterklappen entsprach dem Regiment, dem sie sich anschlossen. Deutlich ist der enge Sitz der Ärmel und der geöffnete unterste Pattenknopf erkennbar. Die Büchse des Jägers - typisch für einen Freiwilliger - ist zivilen Ursprungs, denn sie hat keinen Haken für den Hirschfänger.

Schützen aus Messing bestand. Zur Parade wurde ein grüner Kordon getragen, der bei den Oberjägern silber-schwarze Quasten und Spiegel hatte und dazu ein schwarzer Federstutz angelegt. Der ab 1812 eingeführte Tschako mit Lederdeckel entsprach dem der Infanterie. Er wurde jetzt von allen Bataillonen, außer der Garde, mit Kokarde und Agraffe aus Messing getragen. Die Hosen glichen denen der Infanterie, wurden jedoch bei den Jägern in kniehohen schwarzen Stiefeln getragen. Die Schützen trugen hingegen Schuhe und schwarze Tuchgamaschen.

Die Ausrüstung dieser leichten Bataillone unterschied sich von der der Infanterie erheblich. So führten die Jäger keine glattläufigen Gewehre sondern gezogene Büchsen. Die Büchse war erheblich kürzer als das Infanteriegewehr, trotzdem wesentlich präziser. Durch den gezogenen Lauf wurde die Ladetätigkeit kompliziert und langwierig und erforderte ein sehr sorgfältiges Ausführen der Handgriffe. Die Büchsen verfügten auch über Visiere mit Klappen für zwei oder drei Entfernungen. Die präzisen Waffen, die Fähigkeit, sich in der Natur zu bewegen, ans Wild anzupirschen und Spuren zu lesen, befähigten den Jäger zum Einsatz als Vorposten, Nachhut, Scharfschütze oder Späher auf Patrouillengang.

Das Lederzeug der Jäger und Schützen war schwarz und wurde wie bei der Linie getragen. Als Seitenwaffe führten die Jäger jedoch keine Säbel, sondern einen Hirschfänger, der auch auf die Büchsen aufgepflanzt werden konnte, was allerdings nur im Notfall geschah, da die Befestigung des schweren Hirschfängers mangelhaft war und bei Stößen oder Schlägen zum Verbiegen des Laufes führen konnte.

Die Patronentasche der Jäger war kleiner als die der Infanterie, da nur wenige vorgefertigte Papierpatronen mit sogenannten Rollkugeln mitgeführt wurden, um z.B. plötzlich auftauchende Kavallerie zu bekämpfen. In der Tasche befanden sich 60 lose Kugeln die mittels Pflaster aus dem Zubehörfach im Kolben der Büchse geladen wurden. Das Pulver trug der Jäger in einer Pulverflasche aus Messing, die durch eine Kette gesichert, in einer Tasche aus weichem Leder, neben der Räumnadel auf dem Bandelier der Patronentasche getragen wurde. Zur weiteren Ausstattung zählte ein Ladehammer, mit dem die gepflasterte Kugel in den Lauf getrieben wurde. Dieser Hammer wurde an einem Riemen umgehängt oder im Brotbeutel verstaut getragen. Zur Fixierung der Patronentasche und des Hirschfängers, wurde ein breiter schwarzer Leibreimen mit Schnalle über den Bandeliers getragen. Während die Schützen, wie auch die Infanterie, mit Kalbfelltornistern ausgestattet waren, erhielten die Jäger solche, deren Deckel mit Dachsfell bezogen waren und bis zur Unterkante des Tornisters reichten. Auf der Klappe wurde ein mit Leder eingefaßter weiß-braun gestreifter Dachskopf getragen.

Eine weitere Besonderheit der Befreiungskriege stellten die Freiwilligen Jäger dar. Sie rekrutierten sich überwiegend aus dem Bürgertum, welches nach einer längeren Friedensperiode eine starke Ablehnung gegen das Militär entwickelt hatte, die darauf gründete, daß die Mannschaften vornehmlich aus der untersten sozialen Schicht stammten, während sich das Offizierskorps fast ausschließlich aus aristokratischen Familien zusammensetzte. Diese Standesdünkel zu überwinden fiel schwer. Scharnhorsts Idee einer Nationalmiliz zur Einbindung des Bürgertums in die Streitkräfte, wurde jedoch durch die Bedingungen der Pariser Konvention von 1808 verhindert.

Nach der Niederlage der *Grande Armée* im russischen Winter 1812 sah man in Preußen eine Chance des Widerstandes. Noch vor der Aufstellung der Landwehren erging am 3. Februar 1813 der Aufruf zur Errichtung der Freiwilligen-Jäger-Detachements. Alle Infanterie-Bataillone und Kavallerie-Regimenter sollten Jäger-Detachements in Stärke von etwa 200 Mann aufstellen und ausbilden. Die Ausbildung der bürgerlichen Freiwilligen sollte nur durch ausgesuchtes Personal erfolgen, da geplant war, aus den Reihen der Freiwilligen Jäger den Ersatz an Unteroffizieren und Offizieren für die regulären Verbände zu rekrutieren. So sollte eine Durchsetzung der Armee mit Angehörigen der bürgerlichen Klasse und somit eine stärkere Akzeptanz der Armee in den breiten Bevölkerungsschichten erreicht werden. Die Ehre, in ein Freiwilliges-Jäger-Detachement einzutreten, verlangte nicht nur eine patriotische Gesinnung, sondern auch eine gefüllte Geldbörse. Freiwilliger Jäger wurde nur, wer sich selbst uniformieren sowie ausrüsten konnte. Bei der Kavallerie mußte der Freiwillige-Reitende-Jäger zusätzlich noch sein Pferd mitbringen. Da die Begeisterung sehr groß, die Finanzkraft aber eher klein war, bildeten sich überall im Land Vereine, die über Spendengelder und Sachsammlungen für die notwendige Ausrüstung sorgten.

Angehörige der Freiwilligen-Jäger-Detachements trugen die normale Jägeruniform, wobei Kragen, Aufschläge und Schulterklappen dem Bataillon, welchem sie beigetreten waren entsprachen. Da sie oftmals ihre Waffen mitbrachten, war an zivilen und militärischen Büchsen und Hirschfängern ein breites Spektrum vertreten. Teilweise wurden in Ermangelung von Büchsen auch Musketen geführt.

Als sich zudem aus anderen Staaten weitere Freiwillige zum Kampf gegen Napoleon meldeten, wurde die Errichtung der sogenannten Freikorps befohlen. Das wohl bekannteste unter ihnen war das Lützowsche Freikorps, in welchem auch der 1813 gefallene Theodor Körner diente. Obwohl alle Angehörigen des Freikorps Lützow als Jäger bezeichnet wurden, genossen sie nie die Privilegien der regulären oder Freiwilligen Jäger. Nur bei wenigen der Freikorps wurden tatsächliche Jäger-Detachements errichtet, die auch mit Büchsen bewaffnet waren und deren Soldaten zu Unteroffizieren oder Offizieren in regulären Einheiten befördert werden konnten.

Durch die hohen Verluste in den kämpfenden Einheiten wurden immer mehr Freiwillige Jäger befördert, so das zum Ende der Befreiungskriege ein Großteil des unteren Offizierskorps aus ehemaligen Jägern bestand.

(Links) Das Garde-Jäger-Bataillon trug an Kragen und Ärmelaufschlägen gelbe Litzen. Zur Fixierung der Patronentasche wurden schwarze Leibriemen über den Bandeliers getragen. Die Pulverflasche sitzt in einer Ledertasche des Patronentaschenbandeliers und wird durch Messingketten, an denen auch eine Räumnadel und die Pfannenbürste hängt, gesichert. Die Hirschfängerscheide war naturbraun. Dieser Darsteller trägt die Lagermütze statt des schweren Tschakos.

(Unten) Sächsische leichte Infanterie anno 1993 zu Leipzig. Die Bewaffnung bestand aus Musketen sächsischer Herstellung. Büchsen waren aber vereinzelt wohl ebenfalls noch vorhanden, da Reste des Jägerbataillons in den leichten Regimentern aufgingen. Der Tschakobezug aus Fell ist eine sächsische Eigenart, zeitgenössische Illustrationen zeigen ihn sogar mit vollständigem Zierat.

(Oben) Schloß einer zivilen Jägerbüchse mit den für Schwarzpulver typischen Schmauchspuren. Der vordere Stecher reduziert das Abzugsgewicht des hinteren Abzugs, dadurch wird der Schuß nicht so leicht verrissen.

(Links) Oberjäger des Jäger-Bataillons von Reiche. Diese Freiwilligenformation trug grüne Röcke mit rotem Kragen und Aufschlägen. Die Schulterklappen waren hellgrün. Beim Tschako handelt es sich um das 1812 generell eingeführte Modell mit ledernem Deckel, seitlichen Verstärkungsstreifen, Schuppenketten und einen grünen Kordon. Verschiedene Quellen geben auch an, daß hängende Roßhaarbüsche getragen wurden. Das Berliner Kontingent dieses Freikorps trug statt der normalen grauen Hosen grüne mit rotem Seitenstreifen. Auf dem Hirschfängerbandelier trugen sie ein ovales Messingschild mit dem Schriftzug 'Berliner Freiwillige'.

Königlich Deutsche Legion

Napoleons Eroberungsfeldzüge wurden nicht in allen deutschen Staaten gleich widerstandslos hingenommen. Ein Beispiel für den beständigen Kampf gegen den Aggressor war das Kurfürstentum Hannover, daß 1814 zum Königreich erhoben wurde. Obwohl die Kurfürstlich-Hannöversche Armee als Folge der Elbkonvention aufgelöst wurde, war der Widerstandswille der Bevölkerung ungebrochen. Im Gegensatz zu Westfalen, daß, nach der Einsetzung eines Königs aus Bonapartes Familie als Souverän, seine Armee unter französisches Kommando stellte, emigrierten viele Hannoveraner, gediente und ungediente, nach England, da ihr Landesherr, Kurfürst Georg III. gleichzeitig auch König von England war. Von dort aus wollten sie im Verbund mit ihren Landsleuten, Seite an Seite mit der britischen Armee gegen den Eroberer ihres Heimatlandes kämpfen.

Bereits 1803 wurde, unter dem Einfluß des Duke of Cambridge, mit der Anwerbung Freiwilliger begonnen. Unter dem Kommando des schottischen Oberstleutnant Colin Halkett und des Oberst von der Decken wurde am 13. Oktober das King's German Regiment aufgestellt. Der Zustrom Freiwilliger, die über Hamburg und Helgoland nach England kamen, war jedoch so gewaltig, daß man sich entschloß, Truppen aller Waffengattungen aufzustellen. Am 19. Dezember wurde schließlich aus dem Regiment die King's German Legion - in Deutschland als die Königlich Deutsche Legion bekannt. Das Werben um Soldaten in Norddeutschland und der Wille, der französischen Zwangsaushebung zu entgehen, ließ die Zahl der Kriegsfreiwilligen, die sich nach der britischen Kriegserklärung an Frankreich ab 1803 meldeten, nicht abreißen.

In relativ kurzer Zeit verfügte die Legion über zwei Leichte- und acht Linien-Infanterie-Bataillone, zwei schwere und zwei leichte Dragoner-Regimenter sowie drei Husaren-Regimenter und ein Artillerie-Regiment mit sechs Batterien, davon vier als Fuß- und zwei als Reitende-Batterien. Die Kopfstärken der einzelnen Bataillone und Regimenter lagen jedoch teilweise deutlich unter denen vergleichbarer britischer Truppen. So hatten z.B. die leichten Bataillone bei ihrer Aufstellung nur sechs Kompanien und einen Schützenzug. Die Uniformen, Ausrüstung und Waffen der KGL waren komplett britisch und entsprachen den regulären Truppen, doch gab es einige traditionelle Eigenheiten, die auf die Kurfürstlich-Hannöversche Armee zurückgehen. Da fast ausschließlich Hannoveraner rekrutiert wurden, erfolgte die Ausbildung der Truppen anhand des vorhandenen hannöverschen Reglements.

Die Befehle und Kommandos waren, genau wie die Umgangssprache, deutsch. Lediglich zu Wachen und Paraden wurden britische Kommandos verwandt. 1806 bekam die Artillerie britische Vorschriften, da sie dem Board of Ordnance unterstellt wurde. Die 1807 entworfene Dienstvorschrift für die Kavallerie enthielt alle Befehle und Kommandos in deutsch und englisch. Der Versuch, der Linien-Infanterie 1807 britische Exerzier-Reglements zu verordnen, scheiterte am Widerstand des Offizierkorps. Eine Besonderheit stellt das 1813 erschienene Reglement für die leichten Bataillone dar - ein Kompendium, welches hannöversche und britische Elemente sowie praktische Erfahrungen aus zahlreichen Feldzügen verarbeitet.

(Oben) Mannschaften und Offiziere der KGL stammten zum größten Teil aus dem Kurfürstentum Hannover, welches 1803 aufgelöst wurde. Ihre gesamte Ausrüstung hingegen war britisch. Das Jagdhorn auf dem Tschako und seitlich am Trotter-Knapsack ist, nicht nur in der britischen Armee, bis heute das Abzeichen der Jägertruppe. Die Beschriftung auf der Feldflasche bedeutet: KGL [King's German Legion], 2LB [2nd Light Battalion], 4. Kompanie, Soldat Nr. 15.

(Rechts) Ein Schütze des 2. Leichten Bataillons. Auf einem Feldzug erreichten Ausrüstung, Munition und Proviant leicht 30 kg. Um die Bewegungsfreiheit der Arme zu gewährleisten und den Druck der Tornisterriemen von den Schultergelenken zu nehmen, hatte der Trotter einen zusätzlichen Brustgurt, der wiederum das Atmen erschwerte, da er den Brustkorb einschnürte. Häufig wurde die Decke unter der Klappe des Trotter-Knapsack verpackt, bei langen Märschen aber auch als Polster zwischen Tornister und Rücken gelegt.

Das 1. und 2. Leichte Bataillon der KGL nahm an allen Kampagnen der britischen Feldzüge der Jahre 1805 -1815 teil. Die Uniformen der leichten Bataillone unterschieden sich deutlich von denen der Linie, sowohl in der Farbe als auch im Schnitt und selbst diese zwei Einheiten hatten noch bataillonsspezifische Eigenheiten. Da sich eine

Darstellungsgruppe der Rekonstruktion des 2. Leichten Bataillons widmet, soll an dieser Stelle näher auf deren Uniform eingegangen werden. Derzeit noch im Aufbau und daher nicht enthalten sind die Linien-Infanterie und eine Artillerie-Batterie.

Uniform des 2nd Light Battalions

Das 2nd Light Battalion, KGL, trug in Anlehnung an die Jägeruniformen grüne Monturen. Der Schnitt der Jacken entsprach weitgehend denen der 95th Rifles. Auf der Brust waren drei Reihen mit Knöpfen aus Zinn, die das Horn, das Abzeichen der Rifles und leichten Kompanien der Linie, sowie die Bataillonsnummer trugen. Im Gegensatz zur Linie hatten die Montierungen der Schützen keine Schöße. Kragen, Aufschläge und Schulterklappen waren schwarz. Eine Besonderheit der Leichten Infanterie waren die Wings, die jedoch nur vom 1. Leichten Bataillon getragen wurden. Das 2. Bataillon trug lediglich die Wollraupen oder Tufts direkt in die Schulternaht eingearbeitet, die charakteristischen Polster der Wings fehlten.

Der Tschako war leicht konisch und hatte einen ledernen Deckel, Bund und Augenschirm. Um den Filz wasserdicht zu machen wurden die Tschakos mit schwarzer Ölfarbe lackiert, da keine Wachstuchbezüge vorhanden waren. Als Abzeichen wurde ein weißmetallenes Horn getragen. Am Deckel wurde an einer schwarzen Rosette mit Bataillonsknopf noch ein grüner Wollpompon getragen. Als weiterer Zierat war ein schwarzer Kordon mit zwei Quasten am Tschako angebracht. Um diesen gegen Verlust zu sichern, wurde der Kordon an einem der Brustknöpfe befestigt.

Die Beinkleider entsprachen den normalen grauen britischen Hosen, in heißen Gebieten wurden weiße Leinenhosen getragen. Beim 2nd Light Battalion wurden entgegen den Vorschriften Schnurrbärte getragen, da man sich als leichte Infanterie in einer Linie mit den Husaren, der leichten Kavallerie sah, die traditionell Schnurrbärte trugen. Diese Affinität zur leichten Reiterei wird besonders bei den Offiziersuniformen deutlich. Als Kopfbedeckung wurde von den Offizieren dieses Bataillons eine Flügelmütze getragen. Ihre Montur war mit schwarzen Verschnügerungen auf der Brust und Stickereien an den Ärmeln und im Rücken wie ein Dolman gearbeitet. Dazu wurden Reithosen und ein Kavalleriesäbel mit entsprechender Säbeltasche getragen.

Das Lederzeug war generell schwarz, da aber nicht das gesamte Bataillon über Baker Rifles verfügte, sondern nur die Schützen-Züge, unterschied sich die Ausrüstung. Die mit Brown Bess Musketen des India Pattern bewaffneten Battalion-Companies trugen je ein Bandelier für die Patronentasche und eins für das Bajonett. Die mit den gezogenen Büchsen bewaffneten Scharfschützen trugen ein Bandelier für die Patronentasche sowie einen Leibriemen für die Tasche mit den Paßkugeln und den Hirschfängerkoppelschuh. Das Pulverhorn hing an einer grünen Kordel, die durch Schlaufen auf dem Patronentaschenbandelier lief. Brotbeutel und Wasserflasche entsprachen dem britischen Muster, der Trotter-Tornister wurde schwarz geteert oder mit Ölfarbe gestrichen.

Die Zahl der Büchsenschützen wurde ständig erhöht, soweit es die Liefermöglichkeiten der Firma Baker und die Zahlungsfähigkeit der Krone zuließen, denn die Baker-Rifle war verglichen mit der India-Pattern Brown Bess sehr teuer. Anfänglich verfügte nur etwa jeder sechste Soldat der leichten Bataillone über eine gezogene Büchse. 1808 waren schon rund 30% damit ausgerüstet und bei Waterloo kann man davon ausgehen, daß jeder von 'Halkett's Green Germans' die Baker führte.

Persönliche Ausrüstung eines mit der Baker Rifle bewaffneten Schützen. In der Patronentasche sollten 40 Schuß vorgefertigter Papierpatronen für den Notfall, einige lose Pflasterkugeln, Ersatzfeuersteine, Wischer, Krätzer, Pulvermaß und das Büchsenwerkzeug mitgeführt werden. Am Bandelier der Tasche war das Pulverhorn mit einer grünen Kordel befestigt. Zum Laden mit Pflasterkugeln befanden sich 20 Bleikugeln in der kleinen Tasche des Leibriemens, die Pflaster waren im Zubehörfach des Gewehrkolbens untergebracht. Zum Setzen der Kugeln benötigte man den kleinen Hammer, der im Brotbeutel verstaut wurde. Die Kantine genannte Feldflasche entsprach dem britischen Standard, genau wie die Hartkekse, die man als 'Ammunition Bread' bezeichnete. Das Bajonett hieß, wie bei den deutschen Jägern, 'Hirschfänger'. Vervollständigt wird die Ausrüstung durch den Stahl mit Feuerstein und Zunderdose, ein Salzdöschen, Tasse, Flaschenöffner und Rauchzeug.

Tornisterinhalt eines Legionärs. Der Trotter-Knapsack bestand aus lackiertem Segeltuch, wobei der Holzrahmen zwar für einen perfekten optischen Eindruck sorgte, aber äußerst unbequem zu tragen war. Der Mantel und das D-Section Kochgeschirr wurden außen auf den Tornister geschnallt. Im Tornister befand sich die Lagermütze, eine Lagerjacke, Socken und Leibwäsche zum Wechseln, Ersatzschuhe, Handschuhe, Waschzeug, Bürsten für Bekleidung und Ausrüstung, die Knopfputzgabel zum Polieren der Zinnknöpfe, Päckchen mit Ersatzmunition und eventuell weitere persönliche Gegenstände wie ein Bierkrug, Kartenspiel und ähnliches.

(Oben) Der lange Hirschfänger sollte die kurze Büchse im Bajonettkampf dem längeren Infanteriegewehr angleichen. Das Gewicht des Hirschfängers, und die schwach ausgelegte Befestigung an der Waffe, machten es aber nur im Notfall ratsam, ihn auch so zu benutzen.

(Oben, rechts) Auf diesem Foto ist der Tschakozierat deutlich zu erkennen. Zum Schutz gegen seinen Verlust, war der Kordon an einem der Knöpfe auf der Brust festgemacht. Der Kragen der Montur war offen und man trug zwischen Hemd und Rockkragen noch ein Halstuch. Die langen schwarzen Wollraupen nannte man 'Tufts' und waren direkt in die Schulternaht eingearbeitet - eine Besonderheit des 2. Leichten Bataillons.

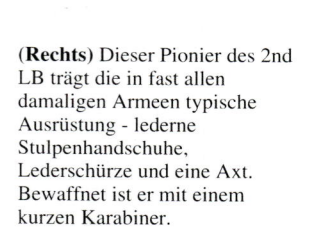

(Rechts) Dieser Pionier des 2nd LB trägt die in fast allen damaligen Armeen typische Ausrüstung - lederne Stulpenhandschuhe, Lederschürze und eine Axt. Bewaffnet ist er mit einem kurzen Karabiner.

(Oben) Bei den leichten Bataillonen erhielten anfangs nur die besten Schützen die gezogene Baker Rifle. Mit ihr waren präzise Schüsse auf über 300 Meter möglich, eine Entfernung bei der ein Treffer mit einem normalen Infanteriegewehr nur durch Glück oder Zufall zu erreichen war. Um eine sichere Auflage zu haben, benutzt dieser Darsteller daher seinen Tschako. Vor 180 Jahren hätte dies vielleicht einem Richtkanonier der gegnerischen Artillerie oder einem Offizier das Leben gekostet.

(Links) Schloß der Baker Rifle, die auch von den englischen Rifle-Regiments geführt wurde. Im Gegensatz zur preußischen Jägerbüchse hatte sie keinen Stecher-Abzug.

(Oben) Die Uniform dieses Sergeant des 2. Leichten Bataillons entspricht der Mannschaftsuniform, doch trägt er zusätzlich als Statussymbole noch drei weiße Winkel am rechten Ärmel, weiße Lederhandschuhe, eine rote Schärpe mit den zwei Quasten der leichten Infanterie, eine angekettete Signalpfeife sowie den Stock, der an einem Knopf befestigt ist.

(Rechts) Mannschaften und Unteroffiziere der Legion unterschieden sich auch durch ihre Mäntel. Der Sergeant trägt als Dienstgradabzeichen eine rote Schärpe sowie die drei Winkel für Feldwebel auf dem rechten Arm. An seinem Mantel sind Kragen und Ärmelaufschläge schwarz gehalten, die Abzeichenfarbe des Light Battalions.

(Gegenüber) Die kleinste Einheit der leichten Infanterie war die Rotte. Zwei Soldaten unterstützten und sicherten sich gegenseitig. Während der eine sorgfältig sein Ziel aussuchte, lud der anderee seine Waffe nach. So war stets einer feuerbereit. In unwegsamen oder bewaldeten Gelände sowie im Kampf um Brücken oder Befestigungen konnte eine Schützenkompanie dank ihrer Feuerkraft zahlenmäßig erheblich stärkere Feinde bezwingen.
Hier posiert eine Rotte im Stil eines bekannten zeitgenössischen Druckes des englischen künstlers Hamilton-Smith. Der kniende Schütze hat sich den Gewehrriemen um den Arm geschlungen, um einen ruhigeren Anschlag zu ermöglichen.

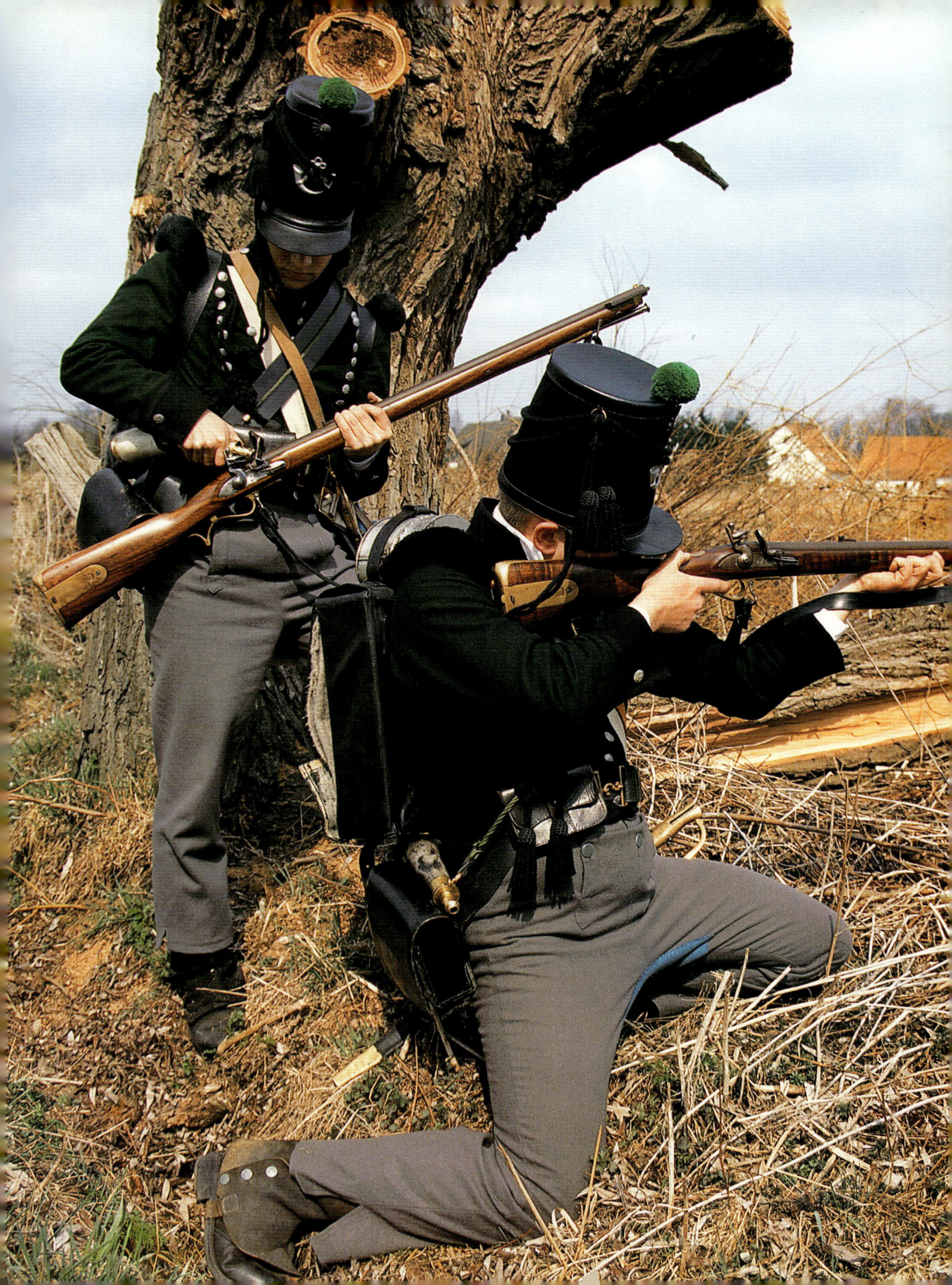

(Oben) Juni 1815 - Juni 1995. Zum 180. Jahrestag der Schlacht bei Waterloo haben Angehörige der Darstellungsgruppe 2. Leichtes Bataillon, Königlich Deutsche Legion ihre historischen Stellungen bezogen. In der Meierei La Haye Sainte verteidigten sie sich unter dem Kommando des Majors Baring gegen zahlenmäßig stark überlegene französische Kräfte. Das Gemäuer lag vor Wellingtons Verteidigungslinie auf Mont St. Jean und war somit von strategischer Bedeutung, da es die angreifenden Truppen Napoleons in der Flanke bedrohte. Nachdem trotz mehrmaliger Aufforderung keine Munition kam, setzten sich die wenigen Überlebenden kämpfend ab, nachdem die letzten Patronen verschoßen und der Feind bereits in die Gebäude eingedrungen war.

(Links) Die Uniform der Offiziere des 2. Leichten Bataillons war an die der 95th Rifles angelehnt. Mit der Flügelmütze, dem Besatz der Hose und der aufwendigen Verschnürung des Dolmans erinnert der Offizier eher an einen Husaren, was durch den stark gekrümmten Säbel noch unterstrichen wird.

Braunschweig

Ein weiteres Kontingent deutscher Truppen, das auf Seiten der Briten gegen Napoleon kämpfte, und sich ebenso bewährte wie die Hannoveraner im Spanienfeldzug, sind die Truppen von Friedrich Wilhelm, Herzog zu Braunschweig-Lüneburg-Oels.
Interessanterweise bestand keine direkte Verbindung der Herrscherhäuser, vielmehr hatte der Herzog, nach dem Tod seines Vaters als preußischer Feldmarschall, auf dem Schlachtfeld von Auerstedt sein Herzogtum an das neugegründete Königreich Westfalen verloren. In Böhmen, seinem österreichischen Exil, begann er im Februar 1809 mit der Aufstellung einer Armee und bekam als offizielle Unterstützung von Österreich Waffen und Ausrüstung zur Rekrutierung von 1.000 Infanteristen und 1.000 Husaren, sowie einer Artilleriebatterie mit vier Geschützen. Die Braunschweiger fochten im Feldzug von 1809 Seite an Seite mit den Österreichern, bis zum Waffenstillstand im Juli.
Der Herzog sah sich zwar in einer ausweglosen Situation, fühlte sich aber nicht an die österreichisch-französischen Verhandlungen gebunden. Und so entschied er, seine Truppen entlang der Weser, durch Westfalen und Norddeutschland zur Küste zu bringen, um mit Hilfe britischer Kriegsschiffe nach England zu gelangen. Obwohl die Reaktionen der Bevölkerung in seiner Heimat nicht den Erwartungen entsprachen, gelang es doch, die Verluste der Kämpfe teilweise durch neue Freiwillige und Überläufer der westfälischen Einheiten zu decken.
Bereits 1810 wurden die jetzt als Braunschweig-Oels-Jäger bezeichneten Infanterie-Kompanien über Portugal nach Spanien verschifft, wo sie bis 1814 im Einsatz waren. Die Kavallerie wurde reorganisiert und 1813 nach Spanien verlegt, von wo sie 1814 an der Eroberung Siziliens teilnahmen. Die geänderte Situation nach der Völkerschlacht führte im Dezember 1814 zur Entlassung der braunschweigischen Infanterie aus englischen Diensten. Der Herzog erhielt 1813 wieder sein angestammtes Herzogtum und begann sofort mit der Aufstellung neuer Truppen.
Im Januar 1814 errichtete er bereits die erste von zwei Kompanien Gelernter-Jäger. Mit den aus England kommenden Truppen, die sein Leib-Bataillon bildeten, umfaßten die braunschweigischen Truppen 1815 bereits eine Leichte-Infanterie-Brigade mit fünf Bataillonen, eine Linien-Infanterie-Brigade mit drei Bataillonen sowie eine Reserve-Infanterie-Brigade mit fünf Reserve-Bataillonen. Eine Landwehr war ebenfalls errichtet worden. Die Kavallerie des Herzogs war komplett neu aufgestellt, da die Kontingente unter britischem Kommando erst Mitte 1815 entlassen wurden. Sie bestand aus einem Husaren-Regiment mit einer Schwadron Ulanen. Die ebenfalls neu errichtete Artillerie bestand aus einer Fuß- und einer Reitenden-Batterie zu jeweils acht Geschützen. Mit Ausnahme der Reserve-Infanterie-Brigade waren die herzöglichen Truppen bei Quatre Bras und Waterloo an den Kampfhandlungen beteiligt.

Uniformen
Bei der Aufstellung seiner Truppen 1809 wich Herzog Friedrich Wilhelm vom herkömmlichen Schema ab, indem er als Grundfarbe von Montur und Hosen schwarz wählte. Den Tschako sowie die Säbeltasche seiner Husaren zierte ein Totenkopf über gekreuzten Knochen als Beschlag. Schlachtruf und Motto auf den Fahnen war 'Sieg oder Tod'. Der Schnitt des Rockes war ebenfalls ungewöhnlich, denn ursprünglich hatte er die Länge einer Litewka, war jedoch auf der Brust mit einer Verschnürung wie ein Dolman versehen. Die Kavallerie trug einen schwarzen Dolman, dessen Brust sich durch eine aufwendigere Verschnürung sowie husarentypische Stickereien an Ärmeln und Rücken von denen der Infanterie unterschied. Nach der Reorganisierung in England erhielt die Infanterie kürzere Jacken, die jetzt noch stärker einem Dolman ähnelten. Kragen und Vorstöße waren hellblau, wie auch die mit dem Dolman eingeführten Schulterklappen. Die Aufstellung weiterer braunschweigischer Truppen 1814 änderte nichts an der hellblauen Abzeichenfarbe des Leib-Bataillons. Die neuaufgestellten Truppen erhielten zur Unterscheidung andere Farben.

Die schwarzen Uniformen brachten ihnen den Spitznamen die 'Schwarze Schar' und ihrem Führer den Titel 'Schwarzer Herzog' ein. Dieser Reenactor stellt einen Offizier der Braunschweig-Oels'schen Jäger in britischen Diensten, oder des späteren Leib-Bataillons, dar - die Uniformen glichen sich. Die Montur war komplett schwarz, die Abzeichenfarbe hellblau. Die Tschakos trugen als Beschlag den Totenkopf und einen hängenden Haarbusch, der oben verknotet war.

(Oban) Offizier des Leib-Bataillons, wie er 1815 ausgesehen haben könnte. Der Rock hat Stickereien am Kragen und auf den Ärmeln, die Verschnürungen auf der Brust sind erheblich aufwendiger als bei den Mannschaften.

(Oben, rechts) Der braunlackierte Segeltuchtornister ist mit einem springenden Pferd und dem Motto 'NUNQUAM RETRORSUM' bemalt. Die englischen Feldflaschen tragen die Buchstaben 'BLJ', für Braunschweig-Lauenburg'sche Jäger. Die Bewaffnung besteht aus Brown Bess Musketen.

(Rechts) Angehöriger der Brauschweig-Oels'schen Jäger bei der Reparatur seines Tschakos. Deutlich ist die britische Ausrüstung zu erkennen. Die blauen Applikationen der Montur finden sich auch als Biese an der Hose wieder.

(Oben) Waterloo 1990, an der Seite der britischen Linien-Infanterie greifen die Braunschweiger an.

(Rechts) Die Darstellung von Kavallerie-Einheiten der Napoleonischen Kriege steckt in Deutschland noch in den Kinderschuhen. Die Gründe hierfür sind vielfältig. Die Kosten für ein Pferd mögen ebenso abschreckend sein, wie die Notwendigkeit, wirklich gut reiten zu können. Als Beispiel für gute Kavalleristen dienen die englischen und französischen Darstellungsgruppen. Dieser Husarenoffizier der 'Schwarzen Schar', hier mit einem Angehörigen der 15th Hussars aus England zeigt wie sehr die Husarenuniform der Infanterieuniform ähnelt.

Sachsen

Die Geschichte der sächsischen Armee ist komplex und wechselhaft und kann daher an dieser Stelle nur kurz angerissen werden.

Obwohl das Verhältnis zwischen Sachsen und Preußen seit des preußischen Einfalls Jahrzehnte zuvor in Sachsen eher frostig war, stand man 1806 in einem Zweckbündnis Seite an Seite gegen den französischen Eroberer. Selbst 20.000 Sachsen konnten die Niederlagen bei Jena und Auerstedt nicht verhindern. Im Gegensatz zu den in wilder Flucht aufgelösten Resten der preußischen Armee, zeichneten sich die Sachsen jedoch durch besonderen Mut aus. Sie lösten sich, als um sie herum nur noch Chaos herrschte, in perfekter Ordnung vom Gegner. Zeitgenössische Quellen geben an, daß die Sachsen unter dem Spiel ihrer Musiker in Bataillonskolonnen vom Schlachtfeld marschierten und dabei jeden Gegenangriff der französischen Infanterie und Kavallerie mit drillmäßig ausgeführten Formationsänderungen abwehrten.

Das Kurfürstentum Sachsen wurde von Napoleon zum Königreich ernannt. Im Rahmen eines Militärbündnisses mußte der sächsische König Friedrich August bei Bedarf ein Kontingent von 20.000 Soldaten abstellen. Bereits 1807 kamen rund 6.000 Sachsen auf französischer Seite zum Einsatz und konnten sich in den Gefechten bei Danzig, Heilsberg und Friedland auszeichnen. Zwei Jahre später mußte erneut ein 16.000 Mann starkes Kontingent als IX. Korps gegen Österreich ins Feld ziehen. Als gute Soldaten bekannt, schickte Napoleon bevorzugt Ausländer, in diesem Falle seine sächsischen Truppen, als Kanonenfutter gegen die verbissen verteidigten Stellungen der Österreicher bei Wagram. Allein am ersten Tag der Schlacht erreichten die sächsischen Verluste etwa 40% ihrer Gesamtstärke.

1810 kam es dann zu einer grundlegenden Umstrukturierung der Armee, die eine Angleichung an die französischen Streitkräfte bedeutete. So umfaßten die Reformen nicht nur Gliederung, Taktik und Ausbildung, sondern auch die Uniformierung.

Der nächste Feldzug richtete sich gegen den russischen Zaren. Dieser untergrub die von Napoleon angeordnete Kontinentalsperre für britische Waren und erzürnte ihn damit so sehr, daß dieser sich zu einer Strafexpedition hinreißen ließ, die den Anfang seines Endes darstellen sollte. Sachsen mobilisierte also im Februar 1812 zwei Infanterie-Divisionen, die als VII. Korps nach Rußland marschierten. Im Verlauf des Feldzuges schlugen sich die Sachsen mit wechselndem Glück gegen den fast immer übermächtigen Gegner. Der Rückzug der *Grande Armée* führte zu einer Teilung Sachsens. Eine Hälfte war von Russen besetzt, die andere noch unter französischer Regie. Zaghafte Versuche König Friedrich Augusts, ein Abkommen mit Österreich zu schließen, um dem übermächtigen Einfluß Bonapartes zu entgehen, schlugen fehl. Erst kurz vor und während der Völkerschlacht bei Leipzig 1813 kam es zum Bruch, als ganze Bataillone und Regimenter mit ihren Kommandeuren zu den Alliierten überliefen.

Nachdem Napoleon vertrieben war, wurde Friedrich August, König von Sachsen, für seine Kollaboration inhaftiert. Er verlor große Teile seines Königreiches und seiner Armee an Preußen. Es kam zu einer weiteren Neustrukturierung der Armee, wobei die 1813 aufgestellten Landwehrverbände und Freiwilligenformationen integriert, sowie Soldaten der in Auflösung begriffenen Kayserlich-Russisch-Deutschen-Legion zur Ergänzung der stark dezimierten Bataillone eingestellt wurden.

(Oben) Ein Grenadier des Infanterie-Regiments Prinz Maximilian in der Uniform von 1810. Nach dem Zwangsbündnis Sachsens mit Frankreich wurden allmählich auch die Organisation und Uniformierung des Heeres dem französischen Vorbild angepaßt. Die Farbe des Grundtuchs war weiß. Die Unterscheidung der Regimenter erfolgte anhand der Abzeichenfarbe der Rabatten und Ärmelaufschläge sowie der mit Paspeln eingefaßten Schoßumschläge. Die Schulterklappen in Grundfarbe des Rockes hatten eine Paspellierung in Abzeichenfarbe und die eigenwillige Dreiecksform mit außen sitzenden Knöpfen. Der französische Tschako trug einen gekrönten Beschlag mit der königlichen Chiffre 'FA', für Friedrich August. Die sächsische Kokarde war weiß, der Pompon und Kordon für die Grenadierkompanien rot, sonst weiß. Alle Dienstgrade trugen metallene Schuppenketten.

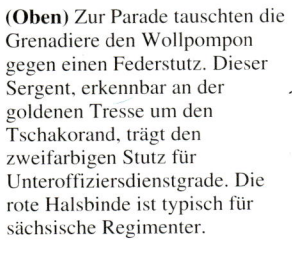

(Oben) Zur Parade tauschten die Grenadiere den Wollpompon gegen einen Federstutz. Dieser Sergent, erkennbar an der goldenen Tresse um den Tschakorand, trägt den zweifarbigen Stutz für Unteroffiziersdienstgrade. Die rote Halsbinde ist typisch für sächsische Regimenter.

(Oben, rechts) Diese Grenadiere tragen den Infanteriesäbel nach französischem Vorbild. Hier ist auch zu erkennen, daß der Feldwebel am linken Ärmel eine diagonale goldene Tresse als Dienstgradabzeichen trägt.

(Rechts) Ein Grenadier vom Infanterie-Regiment Prinz Maximilian, der Name, den es 1764 erhielt. Die Gründung des Regiments geht jedoch auf das Jahr 1701 zurück.

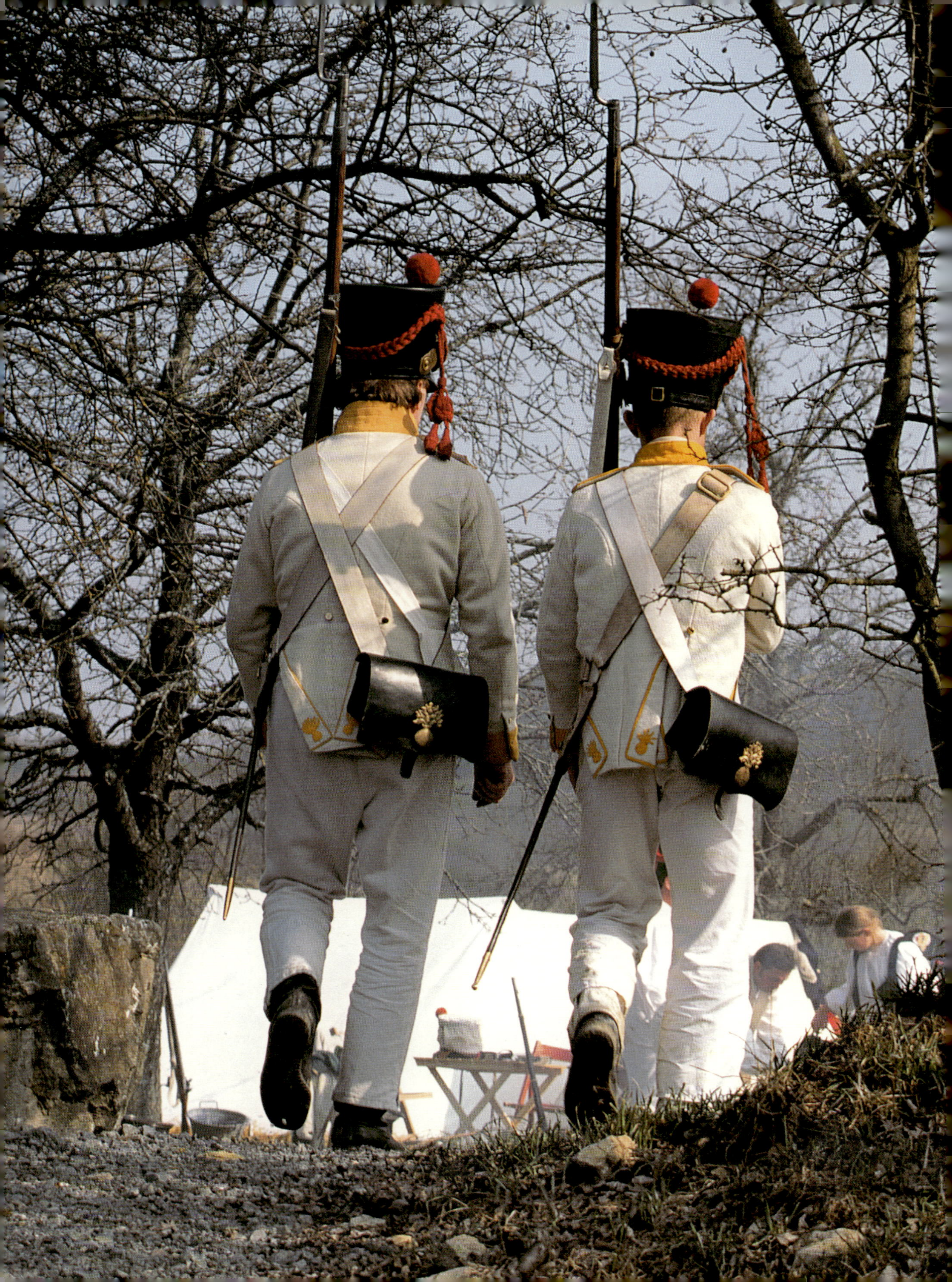

(links) Die zwei Grenadierkompanien des Regiments Prinz Maximilian wurden als Grenadier-Bataillon 'von Spiegel' zusammengefaßt und in Rußland fast vollständig aufgerieben. Diese beiden Lagerwachen zeigen sehr schön die Schöße mit farbiger Paspel und Granaten in Abzeichenfarbe nach französischem Muster. Der Beschlag der Patronentasche zeigte für die Grenadiere eine platzende Granate, die Musketiere trugen den königlichen Namenszug.

(Oben und oben, rechts) Sachsen verfügte nach 1810 über zwei Regimenter leichter Infanterie, die als Korps bezeichnet wurden. Die Montur war dunkelgrün, der schwarze Kragen und die Aufschläge hatten rote Vorstöße. Der Tschakozierat entsprach dem der Linien-Infanterie und der Tschako steckt hier in einem Überzug mit Regenklappe. Das Lederzeug war schwarz und auf dem Deckel der Patronentasche befand sich ein Jagdhorn, das auch die Angehörigen des Jägerbataillons als Emblem am Tschako trugen. Die Seitenwaffen bestanden aus einem Hirschfänger und dem Bajonett für die Suhler Muskete. Der Tornister ist französischen Ursprungs.

(Rechts) Das Grenadier-Leibgarde-Regiment hatte, anders als die Linien-Infanterie, Kolletts von rotem Grundtuch. Statt Schulterklappen trug man kleine Fransenepauletten. Die Abzeichenfarbe war gelb, die Knöpfe weiß. Am Tschako wurde ein weißer Kordon und Haarbusch getragen. Zur Parade verfügte das Regiment über Pelzmützen.

(Oben) Diese Gruppe zeigt anschaulich die verschiedenen Abzeichenfarben der Regimenter. Hier werden Grenadiere des Infanterie-Regiments Steindel dargestellt, dessen Farbe grün war. Im Unterschied zum Regiment Prinz Friedrich August, welches die gleiche Abzeichenfarbe trug, hatte es weiße Knöpfe statt der gelben des Letztgenannten. Sie tragen den sächsischen Infanteriesäbel für Grenadiere. Beim mittleren Soldat mit Schürze und Leibriemen handelt es sich um einen Sapeur.

(Rechts) Bei diesem Nachtgefecht kann man die eindrucksvollen Mündungsfeuer der Musketen beobachten, während beim vordersten Schützen gerade noch die Zündladung in der Pfanne abbrennt. Zum Schutz gegen die Kälte tragen die Männer ihre grauen Mäntel.

Österreich

Österreich war, neben Preußen, als zweite deutsche Großmacht ein ernstes Hindernis für Napoleons Expansionspolitik. Die Habsburger, an der Spitze des Vielvölkerstaates, standen französischen Truppen daher oft und mit wechselndem Erfolg gegenüber.

Die erste empfindliche Niederlage versetzte Napoleon Österreich 1800 in den Schlachten von Marengo und Hohenlinden. Beim Friedensschluß von Lunéville am 9. Februar 1801 trat Kaiser Paul das linke Rheinufer des Heiligen Römischen Reichs Deutscher Nation an Frankreich ab. Bereits 1805 kam es erneut zum Krieg. Nach der Kapitulation eines großen österreichischen Verbandes bei Ulm und der Einnahme Wiens, folgte am 2. Dezember die berühmte Dreikaiserschlacht bei Austerlitz, die mit Napoleons Sieg über Alexander I. von Rußland und Franz II. von Österreich endete. Der Friede von Preßburg führte zu weiteren Neuordnungen in Deutschland, in deren Folge Österreich erneut Territorium verlor. Kaiser Franz mußte im August 1806 die Kaiserkrone des Heiligen Römischen Reiches Deutscher Nation niederlegen.

Es setzten erneut Reformen auf breiter Linie ein, die an die halbherzig durchgeführten Militärreformen von 1798/99 und 1805 anschlossen und ähnlich wie in Preußen, weite Teile des staatlichen und sozialen Lebens umfaßten. 1809 stand man unter Führung von Erzherzog Karl bei Aspern und Eßlingen erneut französischen Truppen gegenüber und fügte ihnen eine empfindliche Niederlage bei. Seine Erfolge waren nur von kurzer Dauer, denn bereits sechs Wochen später, mußte er sich bei Wagram geschlagen geben. Die Hoffnung auf eine neue Koalition war zerschlagen, niemand hatte sich Österreichs Kampf gegen Napoleon angeschlossen. Im Frieden von Schönbrunn verlor Österreich widerum große Teile seines Staatsgebiets. Zur Sicherung seiner Stellung in Österreich heiratete Napoleon noch im gleichen Jahr die Erzherzogin Marie Louise. Zum Rußlandfeldzug stellte Österreich 1812 ein Hilfskorps von 30.000 Mann, erklärte im August 1813 Frankreich den Krieg und stand in der Leipziger Völkerschlacht an der Seite der Verbündeten. Zum letztendlichen Stoß gegen Napoleon bei Waterloo trafen die österreichischen Truppen jedoch nicht mehr rechtzeitig ein.

Uniformen

Bei größeren Reenactments wird man hauptsächlich auf zwei Arten österreichischer Truppen stoßen, daher sollen auch nur diese hier erwähnt werden. Ein großes Kontingent der sogenannten 'deutschen' Infanterie mit Grenadieren und Füsilieren verschiedener Regimenter wird durch Darstellungsgruppen, die zum Teil aus der Tschechei stammen gebildet. Sie tragen die typische weiße Montierung mit weißen Hosen. Zur Unterscheidung tragen die 'ungarischen' Truppen farbige Hosen und anders geformte Aufschläge.

Unterscheidungsmerkmal der Regimenter war die Farbstellung der Aufschläge und Knöpfe. Als Kopfbedeckung trugen die Grenadiere eine Pelzmütze mit einem Beschlag aus Messingblech, der mehrfach geändert und schließlich durch eine platzende Granate ersetzt wurde. Die Füsiliere, in Österreich Teil der Linie und nicht wie in Preußen der leichten Truppen, trugen einen Lederhelm mit schwarz-gelber Wollraupe. Der Tschako kam erst ab 1806 zur Einführung, doch trug man auch 1809 noch beide Kopfbedeckungen. Die Ausrüstung entsprach weitgehend der anderer europäischer Armeen, wobei die Infanterie, mit Ausnahme der Grenadiere, nur das Bajonett als Seitenwaffe führte.

Teil der leichten Infanterie war die Jägertruppe, die 1808 reorganisiert und in Bataillonen zu sechs Kompanien zusammengefaßt wurde. Das Exerzier-Reglement ließ den österreichischen Jägern, im Gegensatz zu den preußischen, nur wenig Spielraum für das 'Gefecht in aufgelöster Ordnung', da diesem, auch Plänkern genannten Vorgehen, in Österreich wenig Bedeutung beigemessen wurde. Die oberste Führung setzte auf die Wucht der massierten Truppen. So erhielten auch nur ein Teil der Jäger den gezogenen Stutzen, während die Masse mit glattläufigen Karabinern bewaffnet war. Eine Besonderheit war ihr extrem langes und breites Haubajonett. Es sollte die im Vergleich zum Infanteriegewehr kürzeren Stutzen im Bajonettgefecht aufwerten.

Die Uniform der Jäger unterschied sich deutlich von der der schweren Infanterie. Grundfarbe von Montur und Hosen war hechtgrau. Kragen, Aufschläge und Vorstöße waren grasgrün, und als Kopfbedeckung wurde der Korséhut getragen. Er hatte für Mannschaften einen Stutz aus Gänsefedern und einen Wollpompon aus gelber und schwarzer Wolle. Offiziere trugen Hahnenfedern und ein aufwendig gearbeitetes National. Das Lederzeug war schwarz und wies einige in den Abbildungen näher beschriebene Besonderheiten auf.

Das Kennzeichen der Grenadiere der österreichischen Armee waren ihre eindrucksvollen Pelzmützen mit der hochgezogenen Front. Der Messingbeschlag war im Laufe der Jahre etlichen Änderungen unterworfen und variierte zusätzlich noch von Regiment zu Regiment. Grundsätzlich beinhaltete er jedoch das Staatswappen, die Chiffre Franz I. und verschiedene Trophäen. Rechts wurde ein National aus gelber Wolle mit schwarzem Zentrum getragen. Die Unterscheidung der Regimenter erfolgte grundsätzlich durch die Kombination aus Knopf- und Abzeichenfarbe.

(Oben) Die Unterscheidung der Regimenter nur anhand der Farben ist schwierig, da einige nahezu identische Farben trugen. Einfacher ist es, zwischen 'deutscher' und 'ungarischer' Infanterie zu unterscheiden. Hierbei handelt es sich vorrangig um Grenadiere eines deutschen Regiments. Ungarische Truppen trugen farbige Hosen mit Applikationen, ähnlich den Husaren und dazu spitze, sogenannte 'polnische' Aufschläge an den Ärmeln des Rocks.

(Links) Füsiliere und Grenadiere eines Linien-Infanterie-Regiments. Die Füsiliere bildeten in der österreichischen Armee die Zentrumskompanien. Sie trugen seit 1798 einen Lederhelm mit schwarz-gelber Wollraupe und Messingbeschlag, der 1809 dem Tschako weichen mußte. Die Füsiliere führten, im Gegensatz zu den Grenadieren, keinen Säbel, sondern nur ihr Bajonett als Blankwaffe.
(Foto: Peter J. Nachtigall)

(Oben) Füsiliere eines deutschen Infanterie-Regiments mit dem 1809 eingeführten Tschakomodell. Deutlich ist die hellblaue Abzeichenfarbe zu erkennen. Die weißen Hosen wurden mit kniehohen schwarzen Tuchgamaschen getragen.

(Rechts) Nachdem es in Österreich immer wieder Jägerkorps als Freitruppen gab, wurden 1808 im Rahmen der Reorganisation erste stehende Jäger-Bataillone errichtet. Sie gliederten sich in Stutzen- und Karabinerjäger, da ihnen das Exerzierreglement nur beschränkte Einsatzmöglichkeiten in der geöffneten Ordnung ließ. Dem Plänkler wurde also kein besonderer Stellenwert zugemessen. Die Jägerstutzen Modell 1798 waren gezogen und somit entsprechend präzise. Bei den Karabinern handelte es sich einfach nur um kürzere Infanteriegewehre. Die grauen Monturen wurden mit Leinenpantalons oder grauen Kniebundhosen mit hohen schwarzen Gamaschen getragen.

(Oben, links) Karabinerjäger beim Laden seiner Waffe. Sein 'Korsé' genannter Filzhut wurde nicht nur von den Jägern, sondern auch von den Spezial- und Technischen-Truppen getragen. Der grüne Federstutz der Mannschaften war aus Gänsefedern, während die Offiziere Hahnenfedern trugen. Die Randeinfassung der Mannschaftshüte war aus schwarzem leder.

(Links) Der 'Prima Plana' oder Oberjäger genannte Feldwebel führte einen Säbel, der sich durch das aufwendigere Gefäß vom normalen Grenadiersäbel unterschied. Zusätzlich trugen alle Unteroffiziere ein gelb-schwarzes Portepee.

(Oben) Zum Stutzen gehörte eine etwas umständlich anzulegende Regenhülle für das Schloß. Die gesamten Lederoberflächen waren mit einer Schellacktinktur schwarz eingefärbt und so wetterfest gemacht. Das Lederzeug des Stutzenschützen hatte eine Besonderheit. Eine Kombination aus Ladehammer und-stock wurde statt an der Waffe, mittels eines Lederriemens und zweier Metallringe am Patronentaschenbandelier getragen. Dieser Oberjäger trägt ein aufwendigeres National, das zusätzlich die Chiffre 'FI.' zeigt. Die Randeinfassung seines Korséhutes war aus schwarzem Stoff.

(Rechts) Ausrüstung eines Oberjägers. Als Unterlage dient sein Mantel, der zusammengerollt auf den Tornister geschnallt wird. Er führt ein Hemd, Leibwäsche und Strümpfe zum Wechseln mit. Die ledernen Handschuhe sind ein Statussymbol des Unteroffiziers, wie der unter dem Brotbeutel liegende Stock aus spanischem Rohr. Essgefäß und Löffel sind aus Holz, der Becher aus Blech. Der Prima Plana Säbel hat ein Unteroffiziersportepee und wird mit schwarzem Lederzeug getragen. Die Feldflasche ist das typische Csutora genannte Modell für etwa 0,75 l. Das Pulverhorn hing an der rechten Hüfte, während die Axt im Tornister getragen wurde. Die persönlichen Habseligkeiten beschränken sich auf Schreibzeug, Wasch- und Putzzeug, Tabak und Tonpfeife, Stahl und Feuerstein mit einem Lederbeutel für Zunder, einen Flaschenöffner sowie Würfel aus abgeflachten Musketenkugeln. Auf dem Brotbeutel liegen die mit Ketten gegen Verlust gesicherte Räumnadel und Pfannenbürste sowie eine Signalpfeife.

53

(Oben) Der Oberjäger trug das beeindruckende Haubajonett des Stutzens nur im Feld. Dann verblieb es ständig auf der Waffe, da er keine Scheide dazu trug. Obwohl es während des Nahkampfes den Längenunterschied zu den herkömmlichen Infanteriegewehren etwas ausglich, war es beim Schießen hinderlich, da es das Gleichgewicht des kurzen Stutzens störte.

Im Latz der Leinenhose dieses Darstellers ist die zusammengerollte Lager- oder Holzmütze zu erkennen.

(Links) In der Patronentasche wurde auch ein Werkzeug verstaut, mit dem der Feuerstein gewechselt oder das Gewehr zur Reinigung zerlegt werden konnte. In dem weichen Beutel an der Vorderseite der Tasche waren meist einige Ersatzsteine untergebracht.

(Oben) Die Uniform der Jäger war aus hechtgrauem Grundtuch mit grasgrüner Abzeichenfarbe. Unter der einreihigen Montur mit gelben Knöpfen wurde eine graue Weste getragen. Dieser Stutzenjäger reinigt seine Waffe im Biwak, dazu trägt er die bequeme 'Holzmütze'.

(Oben rechts, und rechts) Mit der Aufstellung der Landwehr in Österreich wurden 1808 in Wien sechs Bataillone Freiwilliger errichtet, die bereits 1809 Seite an Seite mit der Linie kämpften. Dieser Korporal trägt die typische Uniform aus dunkelgrauem Tuch mit rotem Kragen, Schulterklappen und Aufschlägen. Das Lederzeug war schwarz und entsprach dem der Infanterie. Er trägt den Grenadiersäbel mit dem Unteroffizierssportepee und einem Stock aus Haselnußholz. Das Messingschild an seinem Korséhut trägt neben der Bataillonsnummer die Aufschrift 'Wiener Freywillige'.

Briten und Alliierte

Während viele Staaten des Kontinents, mehr oder weniger freiwillig, über unterschiedlich lange Zeiträume hinweg mit Napoleon paktierten und Truppen für seine Feldzüge stellten, war England immer einer seiner erbittertsten Gegner. Um sich der britischen Gefahr ein für allemal zu entledigen, schmiedete der Korse immer wieder Pläne für eine Invasion der Insel, die jedoch nie in die Tat umgesetzt werden konnten. Englische und französische Truppen standen sich daher über fast zwei Jahrzehnte hindurch auf dem Schlachtfeld gegenüber. In Ägypten, auf der spanischen Halbinsel und schließlich in Zentraleuropa machte die britische Armee eine wichtige Entwicklung durch, zurück zu einer kampfkräftigen und professionell geführten Streitmacht. Den wohl wichtigsten Part hierbei hatte Arthur Wellesley, First Duke of Wellington inne, der seine Truppen zu ihren wichtigsten Siegen führte.

Dem interessierten Leser sei hier das bei Windrow & Greene erschienene Buch *Wellington's Army Recreated in Colour Photographs*, in gleicher Aufmachung wie der vorliegende Band empfohlen, das britische Infanterie-, Kavallerie- und Artillerie-Reenactmentgruppen vorstellt.

Die nach ihren roten Monturen 'Redcoats' genannte britische Infanterie der Napoleonischen Kriege hatte auf ihrem Höhepunkt 104 Regimenter. Sie waren numeriert und vielfach mit einem territorialen Namenszusatz versehen, rekrutierten jedoch nicht ausschließlich in diesem Gebiet. Ihre Stärke schwankte zwischen einem und vier Bataillonen. Das Regiment war nur die administrative Heimat des Soldaten, denn in erster Linie war er seinem Bataillon verbunden. Der Einsatz erfolgte daher im Bataillonsrahmen, so daß mehrere Bataillone verschiedener Regimenter Brigaden bildeten. Ein Linien-Infanterie-Bataillon gliederte sich in der Regel in zehn Kompanien. Die Flanken bildeten eine Light (leichte) Company und eine Grenadier Company, die acht verbleibenden Kompanien waren die Centre oder Battalion Companies.

Die Ausrüstung der britischen Infanterie entsprach anderen europäischen Armeen der damaligen Zeit. Die Bewaffnung bildete die glattläufige, 'Brown Bess' genannte Muskete. Als Seitengewehr führte der Infanterist sein Bajonett; Degen besaßen nur die Sergeants und Offiziere. Den äußerst unbeliebten Trotter-Knapsack mußten die Soldaten als Teil ihrer Lager-Ausrüstung selbst bezahlen oder erhielten bei der Ausgabe neuer Ausrüstung entsprechend gekürzten Sold ausbezahlt. Die Reparatur beschädigter oder verschlissener Ausrüstung wurde dem Soldaten ebenfalls in Rechnung gestellt. Beim Verlust eines Ausrüstungsstückes wartete in der Regel zusätzlich noch eine Bestrafung auf den Unglücklichen. Beliebtestes Folterinstrument, auch für geringfügige Vergehen und zur Aufrechterhaltung der inneren Ordnung, war die Neunschwänzige Katze, eine Peitsche die grausame Wunden verursachte. Zu dieser Zeit war die Prügelstrafe in den meisten Armeen auf dem Kontinent bereits abgeschafft.

Alliierte Kontingente

Einige der weiteren Kontingente, die an der Seite der Briten kämpften sind bereits vorgestellt worden. Andere, wie die russische Armee, die ihren nicht unwesentlichen Teil zum Ende des französischen Imperiums beigetragen hat, fehlen leider völlig. Borodino ist nur einer der Namen, die in die Geschichte eingegangen sind. Hier fehlt es nicht an entsprechenden Darstellungsgruppen, wie z.B. die Pavlov-Grenadiere oder das Kiewer-Linien-Grenadier-Regiment, die in Rußland teilweise auf hohem Niveau agieren. Aufgrund der Entfernungen und der hohen Reisekosten sieht man sie jedoch nur selten auf Veranstaltungen in Mitteleuropa. Reenactments gibt es aber auch in Rußland, so wird die Schlacht bei Borodino im Park des Museums regelmäßig dargestellt.

Ein weiteres Kontingent, dessen Geschichte sehr wechselhaft war, stellten die Truppen der heutigen Niederlande dar. Teilweise unter spanischer und österreichischer Herrschaft, wurden die Niederlande bereits früh von französischen Truppen besetzt und deren Republik angegliedert. Während der '100 Tage' standen die holländischen Truppen dann auf Seiten der Alliierten. Ihre Verdienste bei Waterloo werden kontrovers geschildert, besonders zeitgenössische britische Quellen beurteilten die Kampfkraft der ehemaligen Gegner (man kämpfte gegen Holland um einige Kolonien), als eher gering. Wenn man jedoch die Verluste der Holländer und andere Schilderungen betrachtet zeigt sich, daß sie durchaus ihre Pflicht erfüllten, wie andere Kontingente auch. Darstellungsgruppen aus den Niederlanden sind daher auch bei allen größeren Veranstaltungen anzutreffen.

(Oben) Dieser Angehörige der 2nd Company, 3rd Battalion, 1st Foot Guards trägt den 1812 eingeführten 'belgischen' Tschako mit der hochgezogenen Frontpartie. Der Messingbeschlag trägt die königliche Chiffre 'GR', für George Rex.

(Oben) Britisches Karree aus Leichter- und Linien-Infanterie anläßlich des 180. Jahrestages der Schlacht bei Waterloo. Der Standard der englischen Gruppen ist sehr hoch, da das Reenactment-Hobby auf der Insel schon einige Jahre älter als in Deutschland ist. Ein Karree wie dieses konnte selbst Kavallerieangriffen standhalten, da gut gedrillte Schützen die Reiter nicht bis auf Säbelhiebweite herankommen ließen.

(Rechts) Darsteller der 68th Durham Light Infantry mit dem Tschakomodell, wie es zwischen 1806-1812 getragen wurde. Es bestand, bis auf den Schirm und unteren Rand, aus Filz. Als leichtes Regiment trugen die 68th kein Beschlagblech sondern ein Jagdhorn als Emblem. Der Wollpompon war, wie die Kragen und Aufschläge des Rockes, dunkelgrün. Ansonsten glich ihre Ausrüstung der Linien-Infanterie.

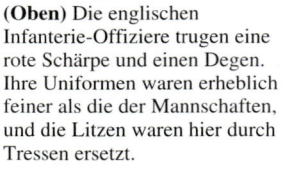

(Oben) Die englischen Infanterie-Offiziere trugen eine rote Schärpe und einen Degen. Ihre Uniformen waren erheblich feiner als die der Mannschaften, und die Litzen waren hier durch Tressen ersetzt.

(Oben, rechts) Die Trommler der Infanterie trugen besonders aufwendige Uniformen, wie hier beim Drummer der 1st Foot Guards. Die Trommel diente zur Übermittlung von Befehlen auf dem Schlachtfeld, aber auch zur Einhaltung des Marschrhythmus.

(Rechts) Die mit Büchsen bewaffnete Jägertruppe war in England erst 1800 entstanden und auf wenige Regimenter beschränkt. Das grün uniformierte 95th Rifle Regiment hatte schwarze Kragen, Aufschläge und Schulterklappen mit weißem Vorstoß. Als Waffe diente die Baker Rifle mit dem 'Sword-Bajonett' genannten Hirschfänger.

(Oben) Ohne die Last ihrer Trotters und mit aufgepflanzten Bajonetten, zieht die 68th Durham Light Infantry 1995 im original belgischen Waterloo-Matsch in eine Schlacht, an der sie 1815 jedoch nicht teilnahm. Damals befand sich das Regiment noch auf der spanischen Halbinsel.

Auf den Fotos kann man deutlich die kurzen Rockschöß erkennen, über denen ein Dreieck aus Litze und zwei Knöpfe sitzen. Die Positionierung der Litzen an den Ärmeln und auf der Brust sowie die Farben der Durchzüge variierten von Regiment zu Regiment.

(Oben) Roll-call der Durham Light Infantry. So könnte es nach einem Gefecht ausgesehen haben. Die Offiziere sammeln ihre Truppen um die Fahnen, um die Verluste abzuschätzen.

(Rechts) Angehörige verschiedenster Regimenter sammeln sich nach der Schlacht bei Waterloo, 1995. Die Regimental Colour unterschieden sich deutlich voneinander. Zur Fahnenabordnung wurden nur ausgewählte Offiziere und Feldwebel kommandiert. Der Verlust der Fahne galt, nicht nur in der britischen Armee, als größte Schande einer Einheit.

(Oben) Ein Trupp der 12th Light Dragoons hinter den eigenen Linien. Der Kavallerist mußte fast seine gesamte Ausrüstung im Mantelsack hinter dem Sattel verstauen. Das Schaffell diente bei langen Ritten als Polster.

(Links) Ein Reiter der 12. britischen Light Dragoons galoppiert durch die Linie der alliierten Artillerie zu den eigenen Stellungen auf Mont St. Jean. Auf der Schabracke trägt er die königliche Chiffre und auf seinem Mantelsack hinter dem Sattel die Bezeichnung des Regiments.

(Oben) In England gibt es eine Reihe guter Kavallerie-Darstellungsgruppen, eine Tradition, die von den Reenactors der *Sealed Knot* und *English Civil War* Vereine, die sich dem 17. Jahrhundert verschrieben haben, übernommen wurde.

Hier sattelt ein Angehöriger der 12th Light Dragoons nach einer Nacht im Biwak sein Pferd. Er trägt den einfacheren Stable Dress mit der bequemen Lagermütze.

Ähnlich wie während eines Feldzuges vor 180 Jahren, gelten auch unter heutigen Kavalleristen bestimmte Regeln. So wird grundsätzlich zuerst das Pferd versorgt, dann der Reiter.

(Oben rechts & rechts) Eine Schwadron der 15th Light Dragoons (Hussars) bei einer Rast, Waterloo. Seit 1812 trugen die Husaren den hier mit einem Wachstuchbezug geschützten roten Filztschako. Der Auftrag der leichten Kavallerie umfaßte die Aufklärung der gegnerischen Streitkräfte, aber auch Streifzüge und reguläre Kavallerieattacken fielen in ihren Aufgabenbereich.

(Links) Ein Offizier der 15th Hussars schützt sich mit seinem langen blauen Mantel vor Wind und Regen, während des Marsches der preußischen Brigade bei den Waterloo-Feierlichkeiten, 1995. Er trägt die Husarenschärpe, Kartuschkasten und Brotbeutel über dem Mantel.

(Unten, links) Auf Seiten der Alliierten kämpften bei Waterloo fast ebensoviele holländisch-belgische wie britische Truppen. Wellington stand ihnen skeptisch gegenüber, da sie sich erst spät von den Franzosen lösten und die Seiten wechselten. Zudem hatte ihr Führer, der Prinz von Oranien, nur zweifelhafte Qualitäten als Feldherr. Hier handelt es sich um Angehörige des 2. belgischen Karabiniers Regiment. Sie tragen hohe, bis über das Knie reichende Kavalleriestiefel und einen Matallhelm mit Kamm und Federstutz. Die Waffe der schweren Reiterei war der Pallasch. Seine lange gerade Klinge eignete sich besonders für den Stich.

(Unten, rechts) Nach der Reorganisation der holländisch-belgischen Armee erhielt das 16. Infanterie-Regiment 1815 den Titel 'Jagers'. Der Rock wurde grün, als Abzeichenfarbe setzte man gelb ein. Mit schwarzem Lederzeug ausgestattet, entsprach der Rest der Uniform der Infanterie. Im Biwak ersetzte die Feldmütze den Tschako österreichischen Modells, der mit einer orangenen Kokarde getragen wurde.

42nd Highland Regiment

Das Black Watch ist zwar kein deutsches Kontingent im ursprünglichen Sinne, muß aber erwähnt werden, da es derzeit die einzige Darstellungsgruppe in Deutschland ist, die die typischen Redcoats von Arthur Wellesley, First Duke of Wellington wieder auferstehen läßt. Das 42nd Regiment ist bei Reenactors sehr beliebt, und so gibt es neben der erst 1989 gegründeten deutschen auch eine englische, amerikanische, kanadische und australische Sektion. Die besondere Faszination der Highlander liegt wohl in ihrer Geschichte begründet. Die schottischen Regimenter galten stets als besonders kampfkräftige und verläßliche Truppen, die sich immer wieder durch besondere Tapferkeit und Standfestigkeit, selbst in ausweglosen Situationen, auszeichneten.

Die Regimenter hatten zur napoleonischen Zeit noch einen stärkeren lokalen Bezug, so daß die Rekrutierung vorrangig in bestimmten, für jedes Regiment festgelegten Bezirken erfolgte. Die schottischen Einheiten waren daher sehr homogene Verbände, denn die Soldaten gehörten nur wenigen Clans an.

Die Black Watch wurde 1739 als 43rd Regiment of Foot aus sechs unabhängigen Kompanien königstreuer Highlander gegründet und war der erste schottische Truppenkörper der englischen Armee. Der Name Black Watch (schwarze Wacht) entstand durch die polizeiähnlichen Aufgaben und den dunklen Tartan der unabhängigen Kompanien, die als einzige Schotten das Recht hatten, Waffen zu tragen. Bereits 1749 erfolgte die Umbenennung zum 42nd Highland Regiment of Foot. Nach den Kämpfen 1758 gegen die Franzosen in Amerika wurde ihnen der Titel 'Royal' vorangestellt. Es folgten Kämpfe in Kanada und eine Stationierung in Irland. Nach 34 Jahren traf das Regiment 1775 wieder in Schottland ein, nur um erneut nach Amerika einzuschiffen, da dort mittlerweile der Unabhängigkeitskrieg ausgebrochen war. Verschiedene Einsatzorte wie Gibraltar, Flandern und Holland sowie die Westindischen Inseln schlossen sich an.

Während der napoleonischen Kriege erhielt das Regiment das Recht, eine Sphinx mit dem Schriftzug 'Egypt' als Anerkennung seiner Leistungen während des Ägyptenfeldzuges zu tragen. Der unrühmliche Auftakt des Spanienfeldzugs der Briten gegen die Franzosen, und der daraus resultierende Rückzug der britischen Truppen, endete mit der Schlacht bei Corunna und war eine weitere Bewährungsprobe für die 42nd Highlanders. Während der '100 Tage' kämpfte das 42nd Royal Highland Regiment of Foot am 16. Juni bei Quatre Bras und war anschließend Teil der 5. Division von Generalleutnant Sir Thomas Picton bei Waterloo. Das 42nd Regiment war eines der vier Regimenter, die der Duke of Wellington in seinem Bericht der Schlacht besonders hervorhob.

Die Uniform der Highlander zeigte einige Besonderheiten. Die Jacke war kürzer als bei der normalen Infanterie und hatte nur acht statt zehn Knöpfen. Die traditionelle Bekleidung der Schotten war der Kilt. Dieser Wickelrock wurde im jeweiligen 'Tartan' genannten Muster des Regimentes getragen. Auf Feldzügen verdrängten jedoch, häufig aus praktischen Gründen, sowohl die Standardhosen der englischen Infanterie wie auch die Trews im Regimentstartan den Kilt. Die Kopfbedeckung war das Kilmarnock Bonnet aus blauer Wolle mit einem rot-weiß karierten Besatzstreifen. Hinter einer Kokarde mit dem Regimentsabzeichen waren Straußenfedern befestigt, die über den Kopf fielen.

(Oben) Das Kilmarnock Bonnet hatte ein kariertes Band. Der Lederschirm wurde nur im Feld getragen und war daher auch nicht eingenäht, sondern nur mit einem Lederriemen befestigt. Die schwarzen Straußenfedern gaben häufig Anlaß zu Ermahnungen, da sie gerne extrem groß und buschig getragen wurden.

(Oben, rechts) Die Ausrüstung eines Private des 42er unterschied sich kaum von der anderer Regimenter. Zum Verpacken diente Trotter's Patent Knapsack, der Nachfolger des Envelope Knapsack. Zumeist war er schwarz geteert, doch kamen auch andere Faben vor. Fast alle Regimenter versahen die Tornister mit ihrer Einheitsbezeichnung, wie hier '42'. Auf dem Tornister wurde der Mantel oder eine Wolldecke festgeschnallt. Die 'Italian Pattern' Feldflasche trug neben der Regiments- noch die Kompanienummer. Der Riemen des Bajonettbandeliers wurde mit einer Messing 'Breastplate' zusammengehalten, auf der die Regimentsnummer eingraviert war. Wechselbekleidung beschränke sich auch hier auf ein Minimum. Erwähnenswert sind besonders die Trews im Government- oder Black Watch-Tartan sowie das Bonnet mit seinem roten 'Tourrie' oder Bommel. Auf dem Brotbueutel oder 'Haversack' liegt sein D-Section Kochgeschirr neben Gabel und Holzlöffel. Die privaten Habseligkeiten beschränken sich auf Schreib- und Rauchutensilien, Karten und Würfelspiel, Feuerstein und Stahl sowie das Maß für die tägliche Rum-Ration.

(Rechts) Das traditionelle Breitschwert der schottischen Hochländer zählte während der Napoleonischen Kriege zur Bewaffnung der Sergeants und Offiziere. Die Mannschaften führten außer ihrer Brown Bess nur noch ein Bajonett. Das Sponton (Spies) war auch weniger eine Waffe als vielmehr ein Statussymbol für den Sergeant. Zum Kilt konnte ein Sporran angelegt werden, der für die Mannschaften des 42nd Regiment weiß mit schwarzen Tassels war.

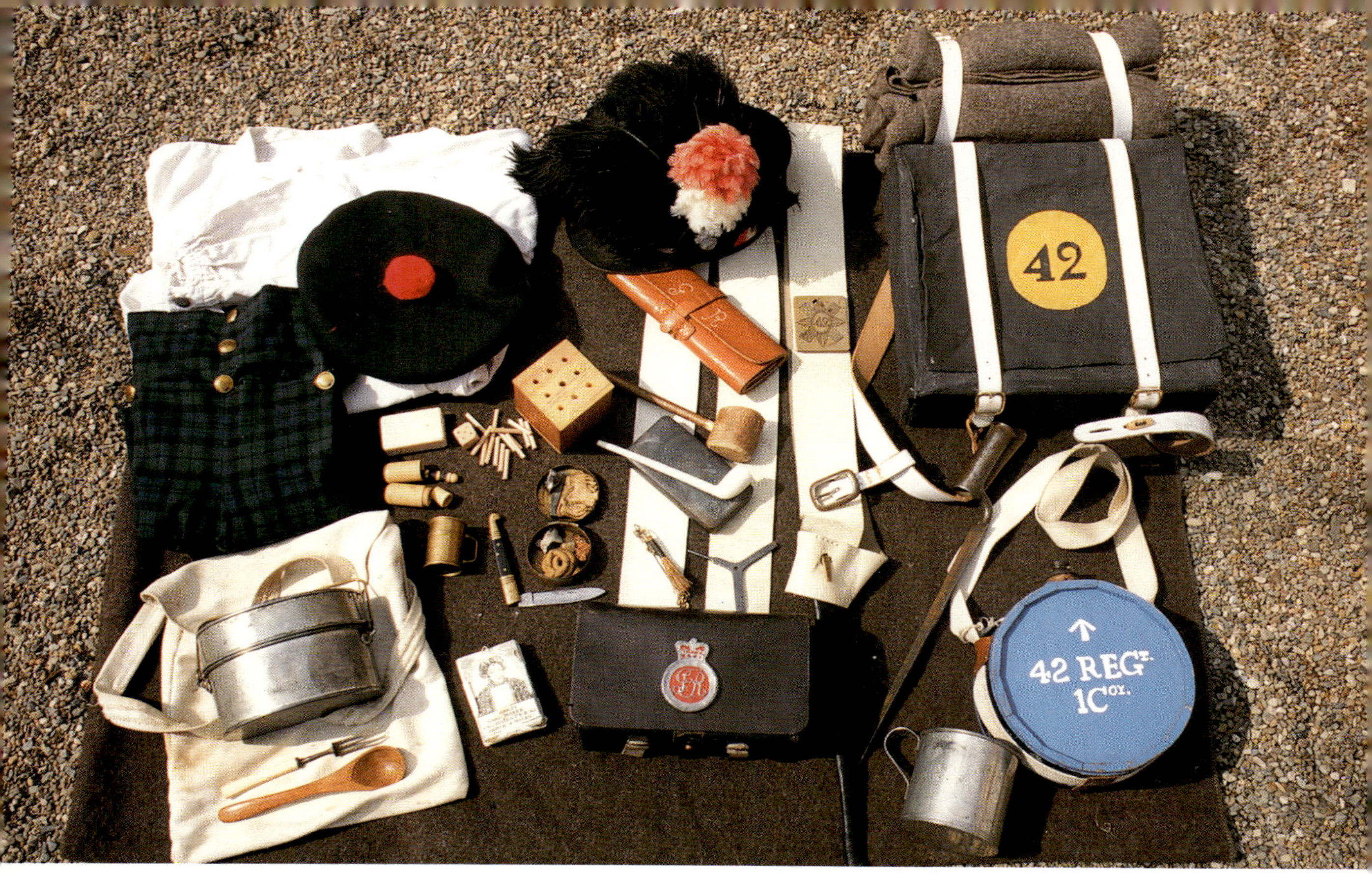
42
42 REGT.
1COY.

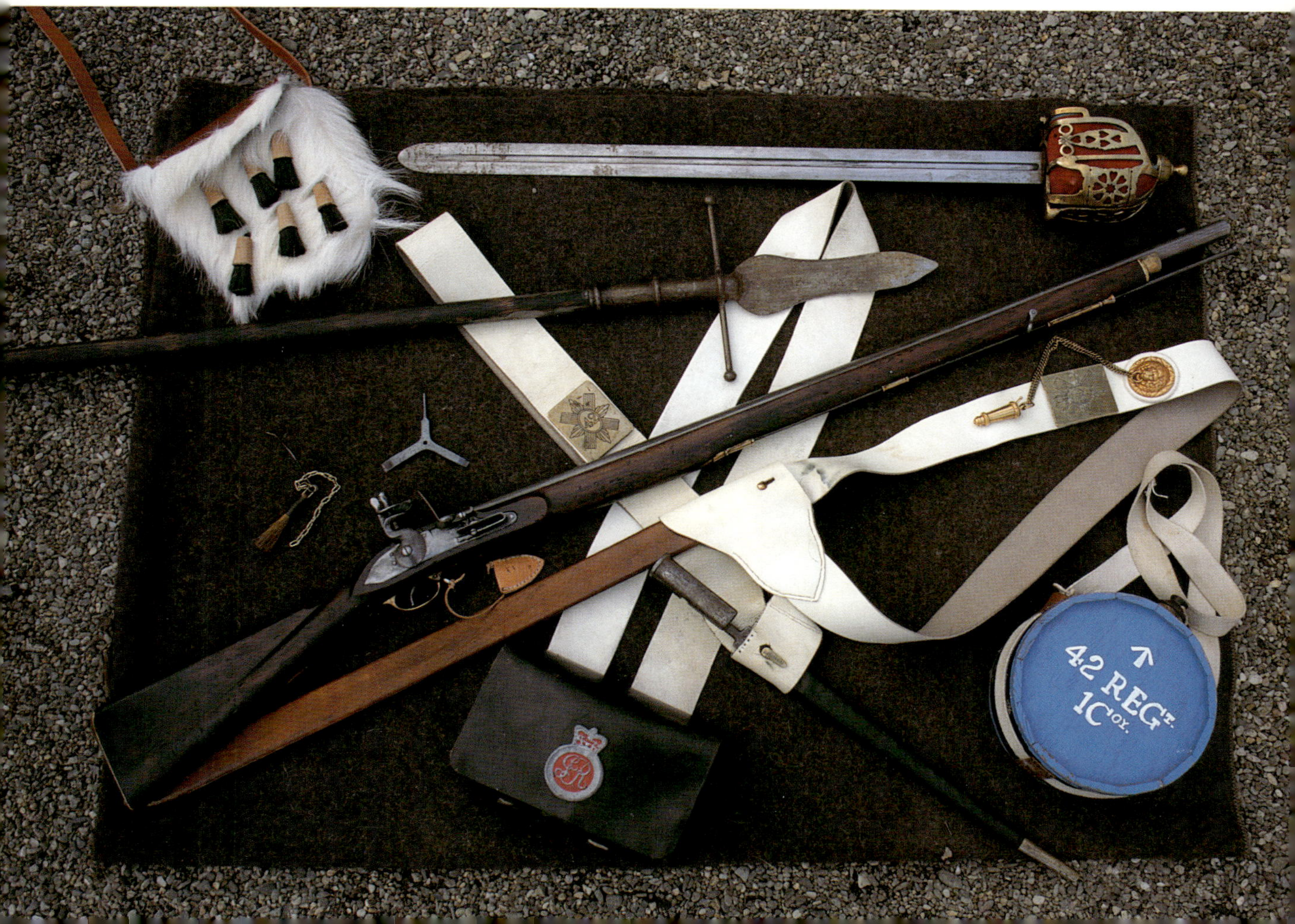
42 REGT.
1COY.

(Links) Sergeant der Grenadier-Company mit Sponton. Die gepolsterten Wings an den Schultern trugen nur die Flügelkompanien des Bataillons. Der rot-weiße Hackle am Bonnet deutet auf die Grenadier-Kompanie hin. In anderen Einheiten trugen Grenadiere weiße Federstutze, die Zentrums-Kompanien rot-weiße, und die leichte Kompanie grüne, aber 1801 wurden den Zentrums-Kompanien der 42nd Highlander ein roter Federstutz zugestanden. Das Breitschwert war 1776 aus der Bewaffnung der Mannschaften verschwunden und wurde nur noch von den Sergeants und einigen Offizieren getragen. Die rote Sergeants-Schärpe wurde über der linken Schulter getragen. Die Litzen, deren Form von Regiment zu Regiment variierte, wurden von den Sergeants ohne farbige Durchzüge getragen.

(Unten, und oben, rechts) Die internationale Highland-Brigade mit Angehörigen aus Deutschland, England, Amerika und Australien auf dem Marsch, Waterloo 1995. Die Mannschaftsstärke, untermalt vom Klang mehrerer Dudelsäcke, verleiht ihr einen imposanten Eindruck, der bei verschiedenen, nicht weniger gut uniformierten Gruppen, leider nur selten aufkommt, da einfach die Zahl der angetretenen Darsteller zu gering ist.

(Unten, rechts) Die Soldaten der Grenadier-Company trugen statt der Sphinx (als Anerkennung ihrer Leistungen während des Ägyptenfeldzuges) eine platzende Granate als Abzeichen am Bonnet. Die weißen leichten Leinenhosen könnten so in Spanien getragen worden sein. Die Grenadier Kompanie des 42. Königlichen Hochland Regiments ist die einzige deutsche Reenactmentgruppe, die Wellingtons Redcoats darstellt. Bei internationalen Veranstaltungen treten sie im Verbund mit den ausländischen Highland-Gruppen auf.

67

Bewaffnung

Die Standardwaffe der Befreiungskriege war die glattläufige Steinschloßmuskete, auch Batterieschloßgewehr genannt. Das Zündsystem war seit nahezu einem Jahrhundert unverändert. Modifizierungen betrafen nur Details oder spiegelten den Geschmack des jeweiligen Landesherrn wieder, d.h. sie stellten eine Anpassung an den vorherrschenden Zeitgeist dar. So waren die Schäfte der altpreußischen Infanteriegewehre, aufgrund ihrer Form auch Kuhfuß-Gewehre genannt, eher zum zackigen Exerzieren und 'Griffe kloppen' gedacht. Das Reglement von 1788 maß daher dem exakten Ausführen der Griffe auch mehr Gewicht bei, als der Ausbildung im treffsicheren Einzelschuß. Dies ist jedoch insofern verständlich, als man sich vor Augen führt, daß die Trefferwahrscheinlichkeit eines Musketenschusses sehr begrenzt war.

Die Läufe der Infanteriegewehre hatten keine Züge, geschossen wurde mit Rundkugeln aus Weichblei. Um ein schnelles und einfaches Laden zu gewährleisten, waren die Durchmesser der Kugeln deutlich kleiner als das Laufkaliber. Das war nötig, da nicht alle Läufe exakt den gleichen Durchmesser hatten und beim Schießen mit Schwarzpulver eine extreme Verschleimung durch Pulverschmauch eintrat. Die notwendige Differenz zwischen Lauf- und Kugelkaliber wurde durch das Papier der Papierpatrone kompensiert. Nach dem Einschütten des Pulvers in den Lauf wurde die in die Papierhülse eingebundene Kugel nachgedrückt und mittels Ladestock verdämmt. Das Papier sorgte so für eine gewisse Führung des Geschosses an der Laufwandung. Das Laden und Abfeuern der Muskete wurde drillmäßig exerziert. Die preußische Infanterie zu Zeiten Friedrich des Großen erreichte Feuergeschwindigkeiten von fünf bis sechs Schuß pro Minute. Da sich die Truppenkörper noch häufig nach den Grundsätzen der Lineartaktik auf relativ kurze Entfernungen gegenüber standen, war ein genaues Zielen nicht nötig, eine grobe Höhenrichtung genügte. So findet sich auf den Infanteriegewehren der damaligen Zeit zwar meist ein kleines Korn, jedoch keine Kimme. Das Zielen über Kimme und Korn hätte nur unnötig die Feuergeschwindigkeit reduziert. Die Wahrscheinlichkeit eines Treffers war ohnehin eher gering und nach einigen Salven war das Schlachtfeld bereits derart verqualmt, daß die Sicht extrem beeinträchtigt war. Daher wurde das Scheibenschießen stark vernachlässigt und zunächst nur von den mit Büchsen ausgestatteten Jägern und Schützen praktiziert. Es fand erst 1809 allgemeinen Eingang in die preußische Ausbildung. Das Ergebnis eines Schießversuches aus dem Jahr 1810 gibt die nachstehende Tabelle wieder. Sie verdeutlicht anschaulich, warum man nur dem massierten Feuer eines geschlossenen Truppenkörpers Bedeutung beimaß.

Zur mangelnden Treffsicherheit der Waffen kam noch hinzu, daß man bei gefechtsmäßigen Bedingungen davon ausgehen mußte, daß statistisch gesehen jeder siebte Schuß ein Versager war. Im günstigsten Fall konnte durch erneutes Einstreuen von Pulver in die Pfanne oder auch des Wechsels des Flintsteines, was etwa alle 50 Schuß erfolgen mußte, weiter geschoßen werden. War jedoch das Pulver naß oder mangelhaft, mußte das Gewehr umständlich entladen werden. Dazu verfügte der Soldat über einen Kugelzieher, der mit einem Gewinde in den Ladestock geschraubt wurde. Das weiche Blei wurde damit angebohrt und die Kugel konnte aus dem Lauf gezogen werden, sofern sie durch das Festrammen mit dem Ladestock nicht allzusehr deformiert war. Danach wurde der wie ein Korkenzieher geformte Krätzer an den Ladestock geschraubt, um die Reste der Papierpatrone herauszuziehen. Anschließend konnte das Pulver aus dem Lauf geklopft werden.

Wie bereits erwähnt, hat sich die Waffentechnik seit Anfang des 18. Jahrhunderts nicht nennenswert geändert, es wurden nur Details verbessert. So führte man in Preußen 1773 einen zylindrischen Ladestock ein, der nicht mehr, wie die sonst üblichen Stöcke, gedreht werden mußte. Der Zeitvorteil beim Ladevorgang machte nur Sekunden aus, führte stattdessen aber zu einem deutlich höheren Gewicht der Waffe. Praktischer war das 1780 eingeführte konische Zündloch, daß das separate Befüllen der Pfanne mit Pulver überflüssig machte. Eine abgeschrägte Schwanzschraube und das sich nach innen vergrößernde Zündloch bewirkten, daß ein Teil des durch den Lauf eingefüllten Pulvers, seinen Weg in die durch die Batterie verschlossene Zündpfanne fand. Die konischen Zündlöcher erweiterten sich mit

(Oben) Mündungspartie eines französischen Infanteriegewehrs Modell 1777. Dieser Ladestock mußte gedreht werden, während die preußischen Waffen zylindrische Stöcke hatten, die beidseitig benutzt werden konnten, dadurch aber dicker und schwerer waren. Das Bajonett wurde mit seinem Schneckengang über einen Zapfen am Lauf geschoben und mit dem drehbaren Ring fixiert. Auch wenn der eiserne Oberring, der den Lauf mit dem Schaft verbindet, über ein Messingkorn verfügt, hatten die Musketen in aller Regel keine Kimme.

Schießversuch des Jahres 1810

Schießversuch des Jahres 1810 auf eine Scheibe von 1,88 m Höhe und 31,4 m Breite, es wurden je Entfernung 200 Schuß abgefeuert, dabei ergaben sich folgende Treffer:

Waffe	75m	150m	225m	300m
Gewehr 1780 a.p.	92	64	64	42
Gewehr 1780 mod.	150	100	68	42
Nothardt Gewehr 1805	145	97	56	67
Gewehr 1809 n.p.	149	105	58	32
Franz. 1777/02	151	99	53	55
Brown Bess	94	116	75	55
Russ. 1809	104	74	51	49

(Oben) Schloß einer französischen Muskete Modell 1777. Das Schloß war, wie die ganze Waffe, stabil und zuverlässig konstruiert. Sie diente als Vorbild für verschiedene andere Waffen, die ihr wie die später hergestellten preußischen, russischen und österreichischen Gewehre deutlich ähnelten. Der Feuerschirm aus Messing war ursprünglich an den französischen Waffen nicht vorhanden. Diese Muskete wurde aber als 'Beutewaffe' bei der Westfälischen Landwehr geführt und dort mit dem Schirm versehen. Veränderungen an den Waffen waren auch vor 180 Jahren nicht ungewöhnlich. So wurden ganze Waffen aus verschiedensten Beute- und Ersatzteilen zusammengebaut.

der Zeit leicht, so daß der Nebenschütze durch einen Feuerstrahl verletzt werden konnte. Um diesem Übel zu begegnen, wurde ein Feuerschirm angebracht, der auch noch einen gewissen Witterungsschutz bot.

Einen weiteren Schritt in Richtung echter Standardwaffe machten die Franzosen mit ihrem Gewehr Modell 1777, das nach der Revolution 1789 von einer Prüfungskommission nach einigen Änderungen als Modell 1777 (corrigé en l'an IX) beibehalten wurde. Diese Waffe zeichnete sich durch eine günstige Schaftform, ein funkionssicheres Steinschloß mit kräftig dimensioniertem Hahn und einer fortschrittlichen Befestigung des Laufes aus. Im Gegensatz zu den anderen Infanteriegewehren dieser Epoche wurden die Läufe nicht mehr mit Stiften befestigt, welche durch an die Laufunterseite gelötete Zapfen geschlagen wurden. Beim Modell 1777 wurde der Lauf durch drei Bänder gehalten, somit war er erheblich einfacher zur Reinigung aus dem Schaft zu nehmen. Der Gewehrriemen war jetzt zwischen dem Abzugbügel und dem mittleren Band befestigt.

Durch die Fertigung in Manufakturen waren die Waffenteile auch maßhaltig geworden und konnten mit geringer Nacharbeitung untereinander ausgetauscht oder ersetzt werden. Eine Tatsache, die bei altpreußischen Schußwaffen mit ihren zum Teil erheblichen fertigungstechnischen Abweichungen zu immensen Problemen führte. Die Konstruktion bewährte sich und französische Gewehre waren in großer Zahl als Beutewaffen vorhanden, so daß nach Napoleons Rußlandfeldzug erhebliche Mengen dieses Modells an die preußischen Truppen ausgegeben werden konnten und in Ermangelung genügend eigener Waffen auch dankbar von den Einheiten aufgenommen wurden. Die zu Beginn des 19. Jahrhunderts in Preußen, Österreich und Rußland neu entwickelten Waffen waren daher auch deutlich an das französische Modell 1777 angelehnt.

Trotz der Übernahme von Beutewaffen sowie Hilfslieferungen aus Rußland, Österreich und England, litten die preußischen Truppen unter einem chronischen Mangel an Schuß- und Blankwaffen. Nach dem Zusammenbruch der preußischen Armee 1806 waren große Mengen von Waffen zerstört, unbrauchbar oder verloren gegangen. Die Einführung der neupreußischen Modelle 1809-Infanteriegewehr und 1810-Jägerbüchse, ging nur sehr schleppend voran, denn die Fertigungskapazitäten reichten gerade zur Ausstattung der Gardetruppen. Die Linie und besonders die Landwehr hatten mit ständigen Defiziten zu kämpfen. An eine gleichmäßige Ausstattung der Linien-Infanterie-Regimenter war kaum zu denken, es wurde jedoch versucht, kompanie- oder bataillonsweise Einheitlichkeit zu erreichen. Nach zeitgenössischen Schilderungen war selbst das bei der Landwehr nicht möglich, und so kamen teilweise noch Piken zum Einsatz. Der Mangel an Waffen war derart groß, daß man in Berlin, Königsberg, Graudenz und Kolberg Reparaturwerkstätten einrichtete, die aus allen, nur irgendwie verwendbaren Teilen verschiedenster Herkunft, funktionstüchtige Schußwaffen herstellten.

Die Produktion von Schußwaffen erreichte während der Befreiungskriege keine ausreichenden Stückzahlen, da sich die preußische Waffenfabrikation noch im Aufbau befand. Zufriedenstellende Ergebnisse wurden nur in Potsdam erreicht. Von den bestellten 5.400 Gewehren pro Jahr konnte die Fabrik in Neisse 1809 ganze 500 und 1810 nur 2.000 Stück herstellen. Die Handwerker steigerten den Ausstoß im folgenden Jahr auf 3.725 Infanteriegewehre und 150 Kavalleriebüchsen M1811. Die Anlaufschwierigkeiten waren in Saarn und Danzig ähnlich.

Die Ausstattung mit Blankwaffen unterlag den gleichen Problemen wie die mit Schußwaffen. Prinzipiell wurde als Seitenwaffe geführt, was gerade erhältlich war. Das konnte der altpreußische Infanteriesäbel mit Stichblatt Modell 1715 oder das neupreußische Modell 1808 ohne Stichblatt sein, welches dem französischen *Sabre Briquet* entsprach, der in großen Stückzahlen erbeutet wurde. Die Füsiliere führten weiterhin ihr Faschinenmesser. Durch den Mangel an Säbeln wurden auch alle anderen Arten von Beutewaffen geführt, und selbst damit ließ sich keine vollständige Ausrüstung mit Seitenwaffen erzielen. Die Landwehr sollte daher auch Beile und Spaten statt eines Säbels führen, ein Mißstand der erst Jahre nach den Befreiungskriegen behoben werden konnte.

(Rechts) Zum Polieren der Metallteile wurde gerne Ziegelstaub genommen. Mit einem Tropfen Öl ergibt er eine Schleifpaste, die garantiert jeden Rost beseitigt, über Jahre hinweg aber auch das Material erheblich angreift. Der Federspanner diente zum Auswechseln der Blattfedern des Schlosses. Er war nicht für jeden Soldaten vorgesehen, vermutlich wurde er nur an Unteroffiziere ausgegeben. Das Steingutfläschchen enthält Öl zur Waffenpflege.

(Unten) Die ledernen Patronentaschen der verschiedenen Armeen hatten Holzeinsätze, die sich nur minimal voneinander unterschieden. Dieser Einsatz einer französischen Tasche hat zwei große Fächer für Patronenpäckchen. Es gab auch Holzblöcke mit Bohrungen für jede einzelne Patrone. Das Metallröhrchen enthält Waffenöl. Der Wischer und der Kugelzieher konnten bei Bedarf in ein Gewinde des Ladestocks geschraubt werden.

(Oben) Vorderladermusketen wurden mit Papierpatronen geladen. Dafür wurde ein festes Papier in Form geschnitten, um einen Holzstab gewickelt und einseitig verschlossen. Auf die Rundkugel aus Weichblei kam dann eine bestimmte Menge Schwarzpulver, die mit einem Pulvermaß geschöpft und über einen Trichter eingefüllt wurde. Danach wurde auch das hintere Ende der Patrone geschlossen. Heute fertigen die Darstellungsgruppen ihre Munition selbst an, natürlich ohne Kugel. In der preußischen Armee war die Munitionsfertigung jedoch Aufgabe der Artilleriedepots.

(Oden rechts, rechts) Die nachfolgenden Fotos sollen die unterschiedlichen Ladevorgänge von Muskete und Büchse verdeutlichen. Die preußische, wie auch zahlreiche andere Armeen, übten das Laden drillmäßig. Jeder Handgriff mußte perfekt sitzen. Nach einer Salve wurde selbständig nachgeladen. Der Musketenschütze ist ein Wehrmann des 5. Westfälischen Landwehr-Infanterie-Regiments, der mit einem französischen Gewehr bewaffnet ist.

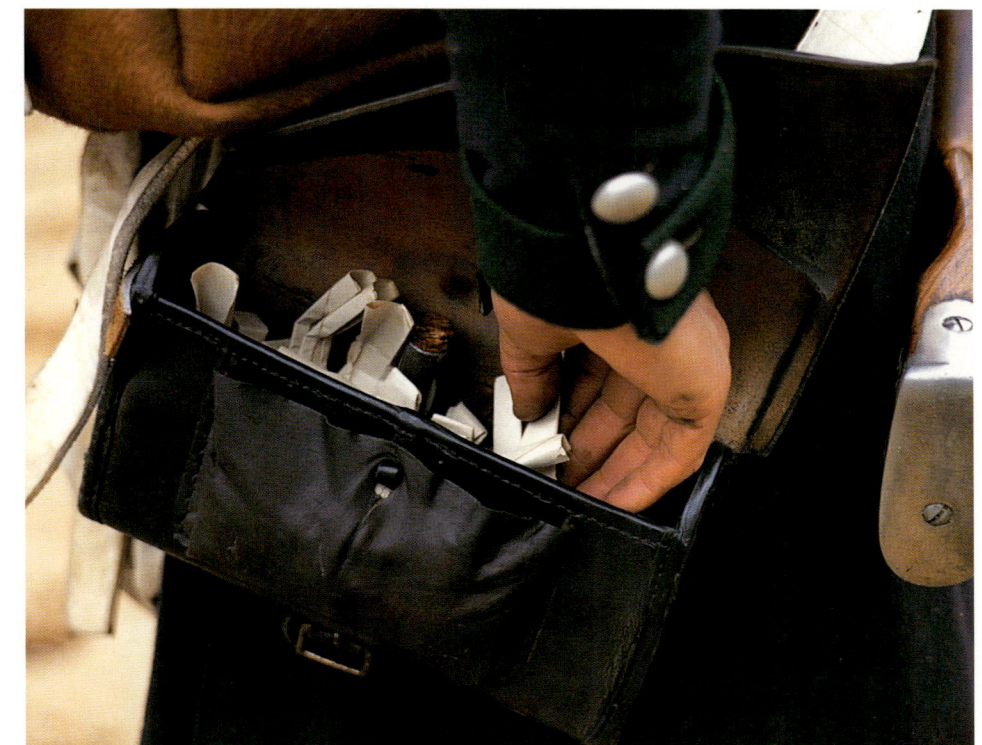

Zunächst wurde die Waffe vor die Brust genommen, der Hahn in Ruhrast gesetzt und bei geöffneter Batterie mit dem Daumen der rechten Hand die Pfanne ausgewischt. Dann wurde eine Patrone aus der Tasche genommen.

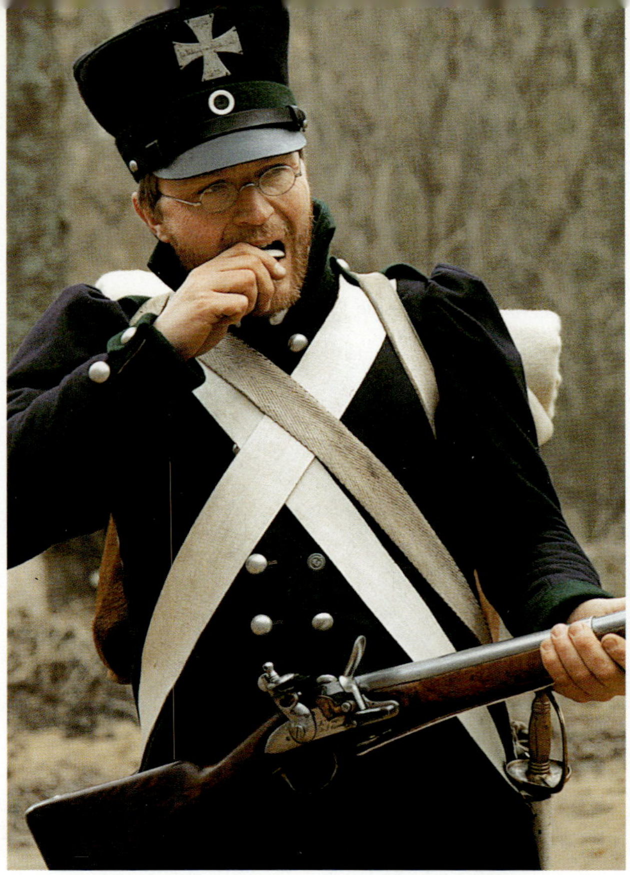

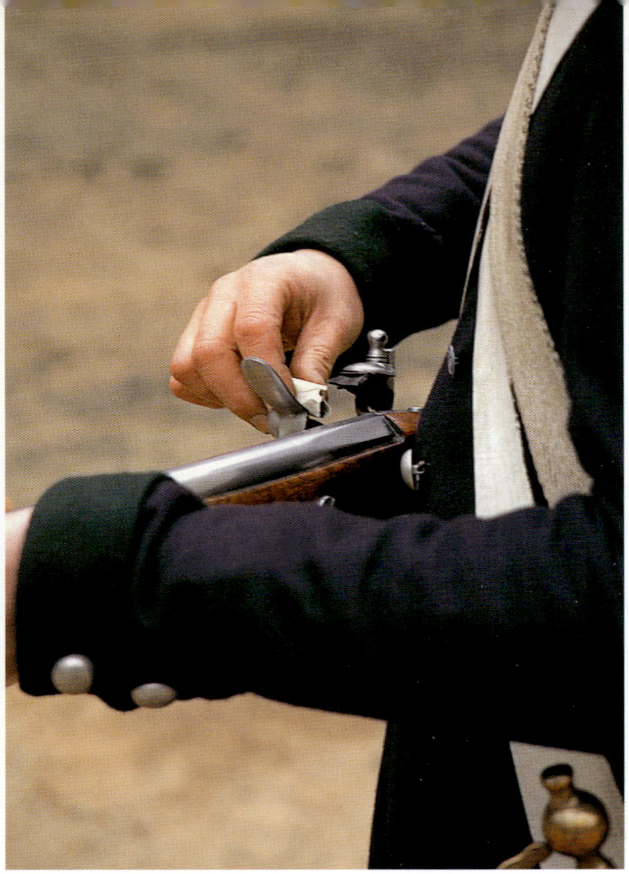

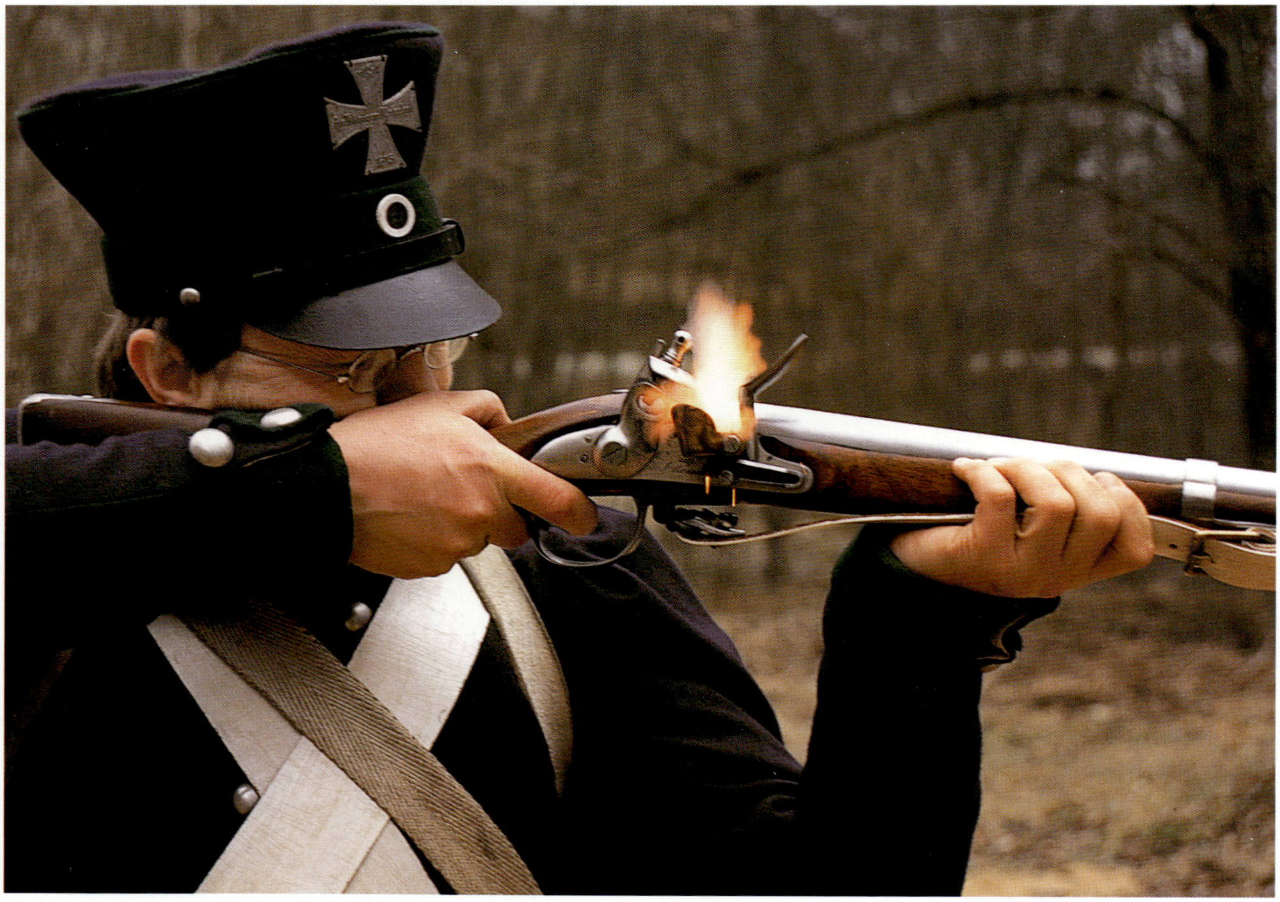

(Außen links) Die Patrone wird zum Mund geführt und am hinteren Ende aufgebissen.

(Mitte, links) Ein Teil des Pulvers wurde in die Pfanne geschüttet und die Batterie wieder geschlossen.

(Links) Anschließend wurde die Waffe abgesetzt, das restliche Pulver in den Lauf geschüttet und die in das Papier eingebundene Kugel hinterher gedrückt. Mit dem Ladestock stieß man dann alles hinab und verdämmt es. Danach wurde der Stock wieder in die Nut an der Schaftunterseite geschoben.

(Unten links) Auf das Kommando 'Fertig' wurde der Hahn ganz gespannt. Es folgte 'An' zum in Anschlag gehen und schließlich 'Feuer'. Daraufhin wurde erneut ohne besonderes Kommando geladen. Hier sieht man gut die Wirkung des Feuerschirms, denn Funken und Zündflamme werden nach oben abgeleitet, ohne den Nebenmann zu gefährden.

(Rechts) Das Laden einer Büchse für den präzisen Schuß war aufwendiger. In die Laufinnenwandung waren Züge eingeschnitten, die dem Geschoß eine Rotation verliehen. Dazu mußte es aber stramm im Lauf sitzen und nicht wie bei der Muskete etwa 1 bis 2 mm Luft haben. Die Ladetätigkeit demonstriert ein Darsteller der KGL an seiner Baker Rifle.
  Zunächst füllt er Pulver aus seinem Horn in ein Pulvermaß.

(Links) Das Pulver wird anschließend in den Lauf geschüttet.

(Unten) Aus dem Zubehörfach im Schaft seiner Büchse hat er bereits ein Schußpflaster entnommen und weich gekaut. Dieses legt er unter die Rundkugel aus der kleinen Tasche seines Leibriemens und treibt sie nun mit dem hölzernen Ladehammer vorsichtig in die Mündung.

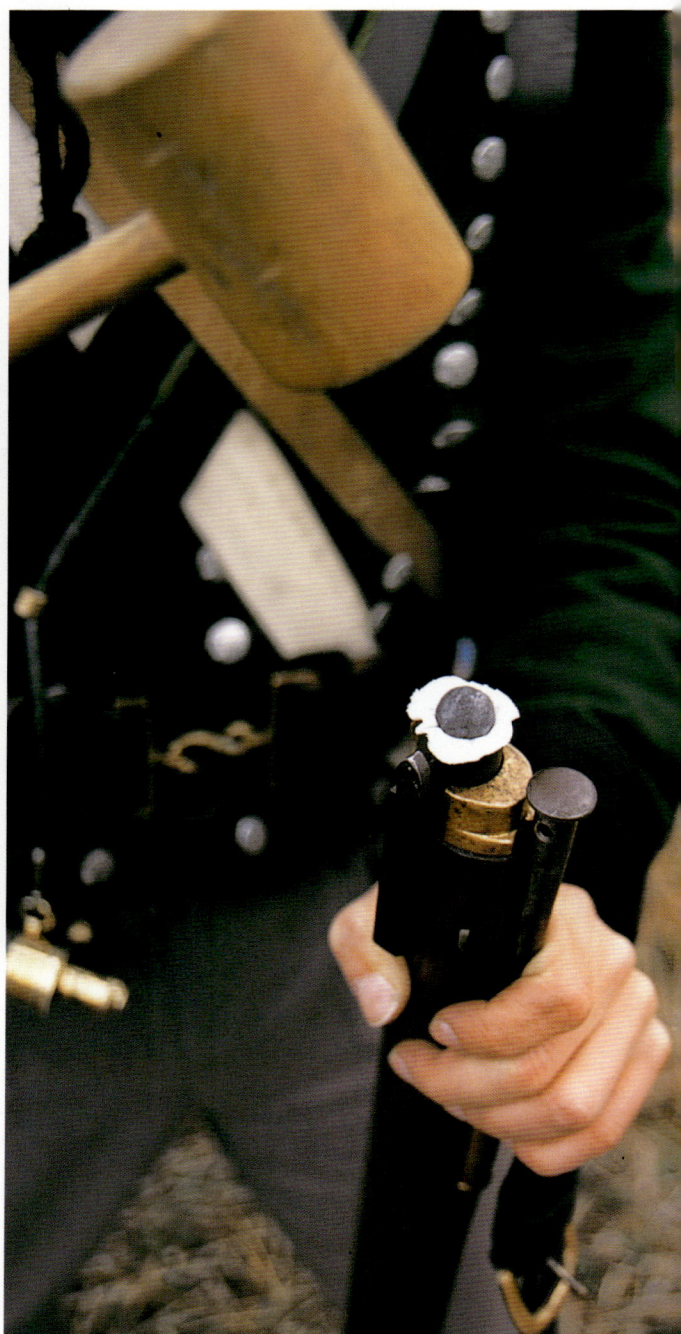

(Oben, links) Mit dem kaliberdicken Stiel des Hammers wird die Kugel gesetzt, also tiefer in den Lauf geschoben.

(Oben, rechts) Danach wird die Büchse zwischen den Knien gehalten, der Ladestock gezogen, mit beiden Händen gefaßt und die Kugel bis auf die Ladung heruntergedrückt. Das erfordert Kraft und wird von Schuß zu Schuß, mit zunehmender Verschmutzung des Laufes schwieriger. Die preußischen Jäger führten daher Kugeln in bis zu zwölf verschiedenen Durchmessern. Ihr Sortiment wurde gern als 'Munitionsapotheke' verspottet.

(Rechts) Der Ladestock kommt wieder 'an Ort', und nachdem die Pfanne mit Pulver beschickt ist, kann wieder geschossen werden. Der Feuerstein sitzt hier gut sichtbar in einem Bleistreifen. Das weiche Metall schützt ihn beim Einspannen in den Hahn vor Beschädigungen und garantiert einen festen Sitz.

(Oben) Hat man den Ladevorgang sorgfältig ausgeführt, kein verkrustetes Zündloch oder einen beschädigten Feuerstein, bricht der Schuß und hüllt den Schützen in eine dichte Wolke Schwarzpulverdampf...

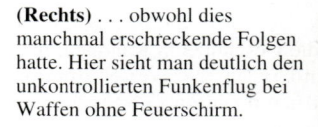

(Rechts) ...obwohl dies manchmal erschreckende Folgen hatte. Hier sieht man deutlich den unkontrollierten Funkenflug bei Waffen ohne Feuerschirm.

Artillerie

Eine französische Geschützbedienung während der Schlacht. Der Pulverdampf hat alles in einen dichten Nebel gehüllt. Die Zahl, der normalerweise bei einem Reenactment anwesenden Teilnehmer, stellt nur einen Bruchteil der Soldaten dar, die die Schlacht in der Geschichte tatsächlich schlugen. Dieses Foto kann dafür einen Eindruck vermitteln, wie die Sichtbedingungen auf dem Schlachtfeld nach einigen Minuten und wenigen Salven gewesen sein müssen.

Die Nachstellung von Artillerieeinheiten hat im deutschen Reenactmentbereich noch nicht den Stellenwert erreicht, den sie vor 200 Jahren auf den Schlachtfeldern hatte. Doch einige Gruppen arbeiten an der Rekonstruktion entsprechender Geschütze und hier wird sich wohl in absehbarer Zeit etwas tun. Neben den Kosten für die entsprechende Uniform, die ähnlich wie eine Infanteriemontur mit allem Zubehör bei rund DM 3.500 liegen kann, kommen auf diese Gruppen noch die Kosten für das Geschütz zu. Hier ist dann eine gehörige Portion Idealismus gefragt, denn die noch vor Jahren benutzten Kanonen in verkleinertem Maßstab werden heute allenfalls belächelt. Der Nachbau in Originalgröße ist gefragt. Die Fotos auf den folgenden Seiten sollen daher auch nur einen Überblick geben und verdeutlichen, was den Reiz einer guten Artilleriedemonstration ausmacht.

Das einzige deutsche Kontingent hierbei ist das Großherzoglich-Hessische-Feldartillerie-Korps. Diese Einheit, nach dem Übertritt Hessen-Darmstadts zum Rheinbund gehörend und nach französischem Vorbild gegliedert und ausgerüstet, nahm mit Auszeichnung an allen Feldzügen teil. Sie kämpfte erst gegen, dann mit und schließlich nach Leipzig wieder gegen Napoleon. Selbst nach dem Debakel des Rückzuges aus Rußland kamen die Hessen in hervorragender Ordnung zurück, wobei Geschütze und Fuhrpark bis auf eine Kanone vollständig waren. Auf die Gliederung der Artillerie der wichtigsten kriegführenden Nationen umfassend einzugehen, würde den Rahmen des Buches sprengen. Interessant für den Reenactmentbereich ist in der Hauptsache die Feldartillerie. Sie verfügte über Geschütze die, bespannt mit vier bis zwölf Pferden, noch leicht genug waren den Infanterieeinheiten zu folgen. Ihr Einsatz erfolgte gegen befestigte feindliche Stellungen oder Truppenansammlungen. Durch den geschickten Einsatz der zusammengefaßten Artillerie konnte man feindliche Angriffe defensiv zum Stehen bringen oder offensiv durch gezielten Beschuß der gegnerischen Stellung den Einsatz der eigenen Infanterie vorbereiten und diese so schonen.

Grundlegend unterschied man die Geschütze in Kanonen, mit denen im direkten Richten und in gestreckter Flugbahn geschossen wurde und in Haubitzen, deren Geschosse im sogenannten Bogenwurf ihr Ziel auch hinter Befestigungen oder Hinterhangstellungen bekämpfen konnten. Das Kaliber der Geschütze ergab sich aus dem Gewicht der Kugel und wurde in Pfund angegeben. Bei Kanonen wurden eiserne Vollkugeln, bei Haubitzen und Mörsern jedoch Steinkugeln zugrunde gelegt, so daß die Haubitzen bei gleichem Kaliber einen größeren Durchmesser des Geschosses hatten. Aufgrund der damals noch keineswegs standardisierten Maße und Gewichte war auch ein Pfund nicht überall gleich. Kanonen des nominell gleichen Kalibers aber anderer Nation konnten also nicht unbedingt mit erbeuteter gegnerischer Munition bestückt werden. Die Art der verwendeten Geschütze und deren begleitender Fuhrpark war äußerst vielfältig.

Lediglich die Franzosen erkannten, daß eine Standardisierung von Geschützen, Fuhrpark und Werkzeugen notwendig war, um im Notfall z.B. das beschädigte Rad einer Kanone durch das eines Munitionswagens ersetzen zu können. Jean Baptiste de Gribeauval erarbeitete das neue System einer einheitlichen Ausstattung der Artillerie, daß auch in einigen französischen Satellitenstaaten Einführung fand. Das Kaliber der in den europäischen Armeen verwendeten Geschütze lag zwischen 3 und 12 Pfund. Leichte 3- oder 4-Pfünder waren auch häufig als Regimentskanonen der Infanterie angegliedert.

Die hauptsächlich verwendete Munitionsart war die eiserne Vollkugel, die sich sowohl gegen Hart- als auch Weichziele bewährte. Nach zeitgenössischen Schilderungen müssen diese Vollkugeln, deren Flugbahn normalerweise nie über die Höhe eines Mannes hinausging, blutige Schneisen in gegnerische Kolonnen geschlagen haben. Die vorhandenen Granaten waren ebenfalls kugelförmig, innen hohl und mit Schwarzpulver gefüllt. Sie wurden über einen Brennzünder zur Detonation gebracht und wirkten durch die Druckwelle und Sprengstücke ihres Mantels. Ihr großer Nachteil aber waren die unzuverlässigen Brennzünder. Um sie zur richtigen Zeit detonieren zu lassen, mußte der Zünder auf die exakte Länge gekürzt werden, ein Vorgang, der in der Hitze des Gefechts kaum zu bewältigen war.

Erheblich wirkungsvoller waren die auf kurze Entfernungen gegen Infanterie und Kavallerie eingesetzten Büchsenkartätschen, dünne Blechmäntel die mit Eisen- oder Bleikugeln gefüllt waren. Die Mäntel zerrissen vor der Mündung und die Kugeln breiteten sich tropfenförmig, mit einer verheerenden Wirkung gegen Weichziele aus. Die Briten verwendeten bereits eine Geschoßart, die sich bis in die heutige Zeit gehalten hat. Das Schrapnel war eine Mischung aus Granate und Kartätsche, das die Weichzielbekämpfung auf größere Entfernung erlaubte, wobei der Hohlraum der eisernen Granate mit Bleikugeln und Pulver gefüllt war.

(Oben, links) Die Hessen-Darmstädter Artilleriedarstellungsgruppe tritt in den Uniformen des Jahres 1809 auf, in denen ihre Vorgänger auf französischer Seite als Rheinbundkontingent am Krieg gegen Österreich teilnahmen. Der Schnitt des Rockes war für Hessen-Darmstädter Truppen typisch. Die Farbstellung von Grundtuch, Rabatten, Aufschlägen und Vorstößen variierte von Regiment zu Regiment. Die Artillerie trug zum dunkelblauen Grundtuch schwarze Abzeichen mit rotem Vorstoß. Im Biwak wurde eine Lagermütze nach französischem Vorbild getragen. Hier ist auch deutlich die Hose mit dem damals noch schmalen Latz sowie die unter der Montur getragene Weste zu erkennen.

(Oben) Der Tschako der Mannschaften hatte lederne Kinnriemen und einen Pompon in Regimentsfarbe. Es konnten auch Federstutze in entsprechenden Farben angelegt werden.

(Oben, links) Der französische Tschakomodell des Caporals trägt als Dienstgradabzeichen ein zweifarbiges National und dazu Schuppenketten. Die Kokarde trägt die hessischen Farben rot und weiß.

(Oben, rechts) Der Luntenhalter mit der glimmenden Lunte diente zum Abfeuern der Kanone. Hier sieht man auch, daß die Schulterklappen des Caporals mit einer silbernen Litze vorgestoßen sind. Zusätzlich befindet sich am ärmel der Montur auch noch ein diagonaler Streifen Tresse.

(Links) Die Haubitze stellt ein leichtes Modell dar, wie es schon von hessischen Truppen im amerikanischen Unabhängigkeitskrieg eingesetzt wurde. Der Deckel der Patronentasche des Carporals trägt einen Überzug aus Leinen mit dem Herrschermonogram 'L', für Ludwig.

(Oben) Mit einem ledernen Daumenschutz wird das Zündloch verschlossen, während der Ladekanonier das Rohr nach dem Schuß auswischt. So wurden glimmende Reste erstickt, um zu vermeiden, daß sich die nächste Ladung an ihnen entzündete. Die hölzernen Kisten auf der Lafette dienten zur Aufnahme einiger vorbereiteter Ladungen, der Großteil der Munition wurde jedoch in Munitionswagen nachgeführt. Der Artillerist links trägt eine 'Bricole' (Schnur). Sie wurde in Ösen an der Lafette eingehängt und diente zum Bewegen des abgeprotzten Geschützes. Der Artillerist rechts trägt noch den alten, vor 1800 gebräuchlichen Rock. Das Auftragen der Monturen war durchaus üblich, so daß verschiedene Uniformen in einer Einheit, besonders auf Feldzügen, nichts Ungewöhnliches waren.

(Rechts, oben) Nachdem die Haubitze geladen und auf ein Ziel eingerichtet war, konnte mit der Lunte Feuer an den Brennzünder gesetzt werden. Dieser reichte bis in den vorher angestochenen Pulversack und brachte so die Ladung zur Detonation.

(Rechts) Französische Garde-Artillerie, dargestellt von einer britischen Gruppe, wird durch einen Kapitän des preußischen Ingenieur-Korps in den Ablauf der Feierlichkeiten zum 175. Jahrestag der Leipziger Völkerschlacht eingewiesen. Hier wird deutlich, daß Reenactment über Grenzen hinweg verbindet.

(Gegenüber, oben) Geschütze in authentischer Größe bedingen einige Transportprobleme für die Darstellungsgruppen. Hier bereiten nassauische Artilleristen ihre eindrucksvolle Kanone auf die anstehenden Gefechtsdarstellungen anläßlich der Schlacht bei Waterloo, 1995 vor.

(Gegenüber, unten) Der Moment unmittelbar während der Zündung der Ladung. Die Artilleristen haben sich in sicherem Abstand, außerhalb des Geschützrücklaufes, aufgestellt. Aus dem Zündloch schlägt die Flamme des Brandels, wie die Zündrohre auch genannt wurden. Bei den Darstellern handelt es sich um eine Reitende-Batterie.

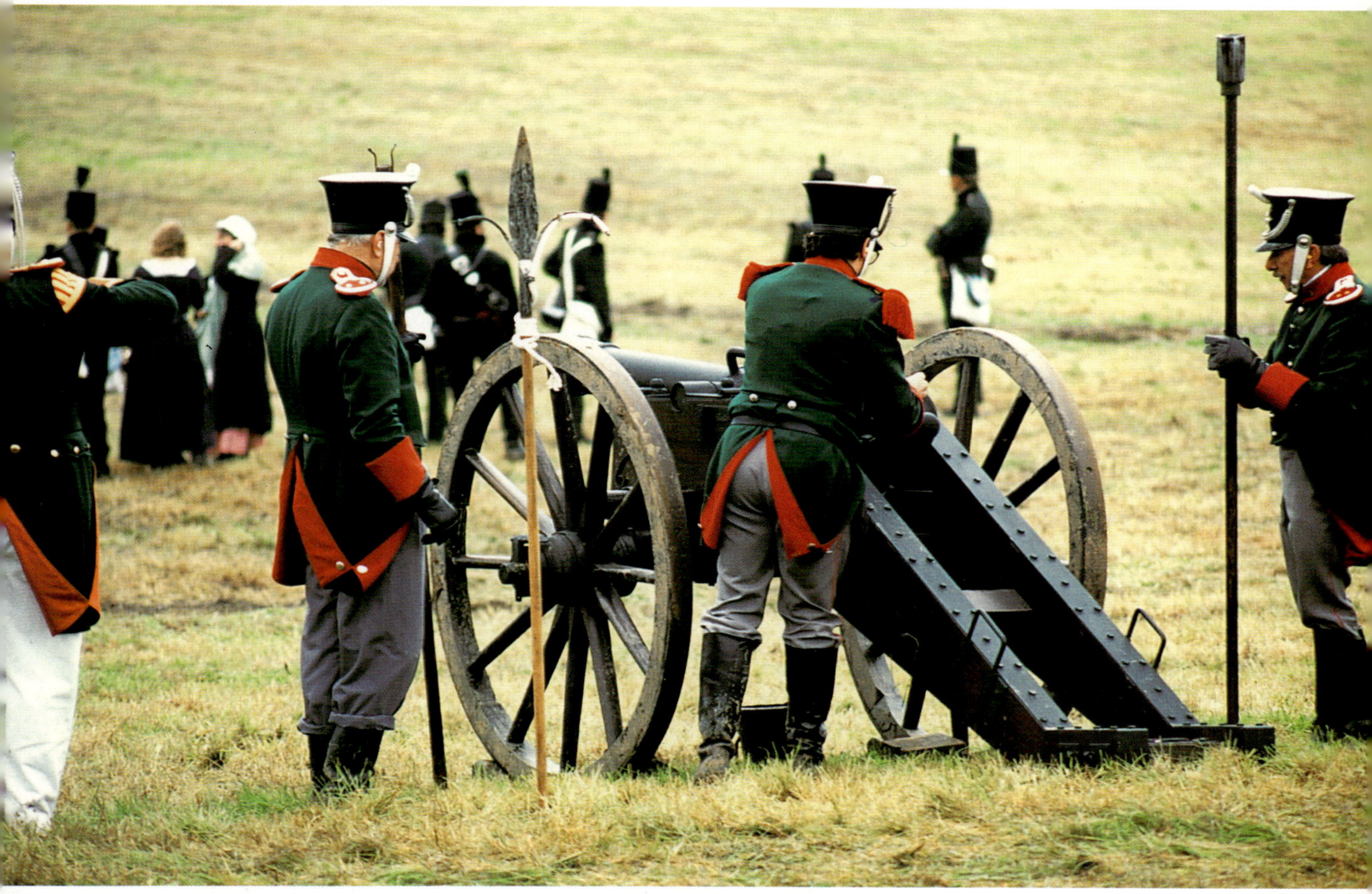

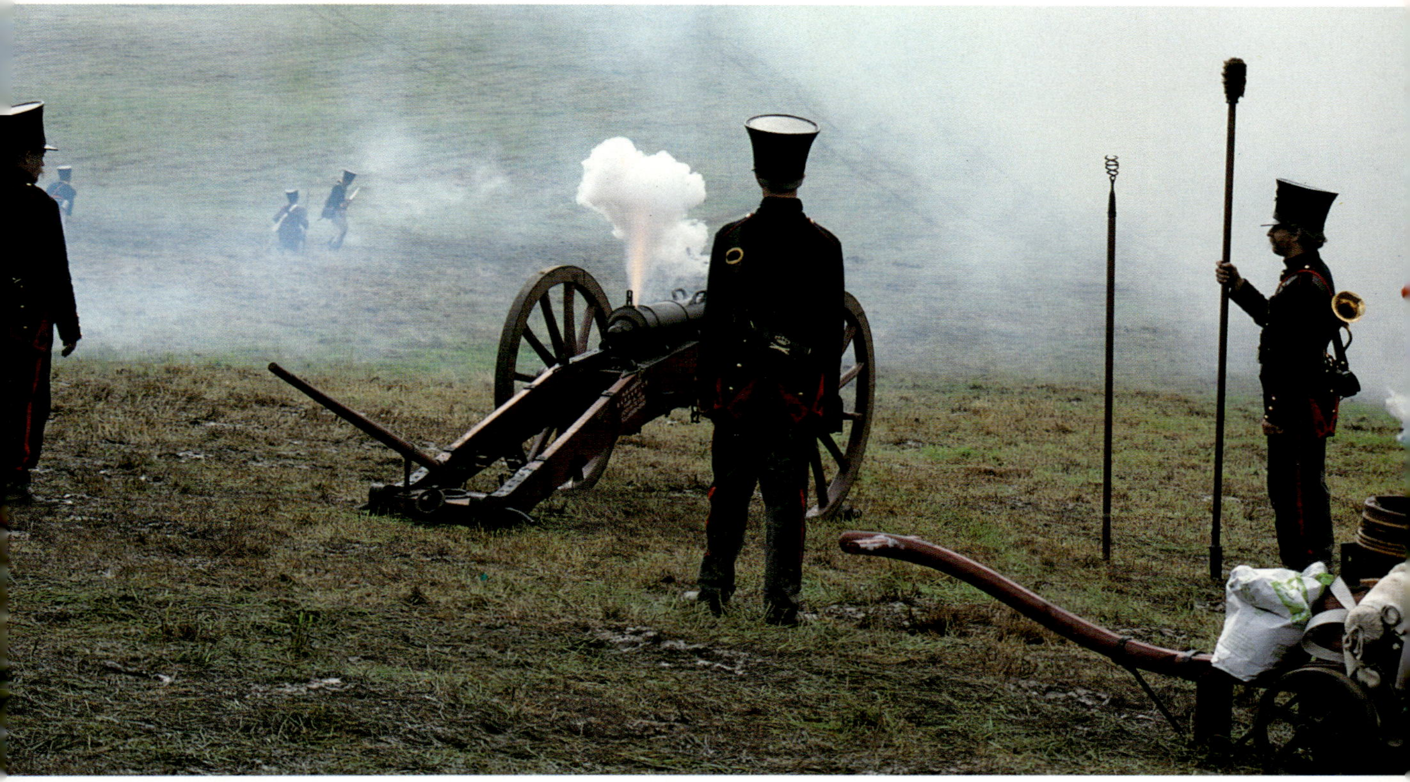

(Links) Die französische Garde-Artillerie feuert mit einem 12-Pfünder auf die anrückenden preußischen Linien. War der Gegner extrem nah, wurden sogar zwei Büchsenkartätschen hintereinander geladen. Die Wirkung gegen Infanterie und Kavallerie war verheerend. Artilleristen waren daher auch beliebte Ziele für Plänkler oder plötzliche Kavallerieattacken. Sollten gegnerische Kanonen nach der Eroberung unbrauchbar gemacht werden, trieb man einfach eiserne Stifte in das Zündloch.

(Unten) Die Kanone einer holländischen Fuß-Batterie beim Schuß. Im Hintergrund sieht man das Modell der Meierei La Haye Sainte, wie es zu den Waterloo Veranstaltungen aufgebaut wird.

Frankreich

'Vive l' Empéreur' ist als Gruß deutscher Darstellungsgruppen genauso häufig zu hören, wie 'Es lebe der König'. So führt die Napoleonische Gesellschaft neben einem Linien-Infanterie-Regiment auch ehemalige Volontaires, die mittlerweile zu einer Halbbrigade der Linie formiert wurden, Garde-Jäger und Garde-Grenadiere sowie Artillerie des korsischen Kaisers ins Feld.

Die Revolution in Frankreich 1789 führte zu grundlegenden Umwälzungen der militärischen Strukturen des 'Alten Regimes'. Die bis dahin übernommenen Regimentsbezeichnungen fielen weg, und 1791 wurde mit der Aufstellung zahlreicher Freiwilligen- und Wehrpflichtigenbataillone begonnen. Die sogenannte *Levée en masse* führte zu Einheiten unterschiedlichster Qualität. Die mangelhaft ausgerüsteten und unzureichend bis gar nicht ausgebildeten neuen Bataillone konnten kaum nach den komplizierten Regeln der damals gültigen Taktiken eingesetzt werden. Selbst einfachste Formationsänderungen waren mit diesen Truppen nicht zu bewältigen. Um diesem Problem zu begegnen, ging man zur Aufstellung der Halbbrigaden über. Jedem regulären Bataillon wurden zwei der neu errichteten zur Seite gestellt. Das alte Bataillon wurde zum Zentrum der Brigade, und die neuen Einheiten bildeten als 1. und 3. Bataillon die Flanken. So konnte der gedrillte Truppenkörper seine Feuerkraft in Linie entfalten, während die Wehrpflichtigen in der einfacheren Kolonnenformation rasch Gelände gewinnen konnten. Diese Abweichung von einer starren Schlachtordnung und der großflächige Einsatz von Tirailleuren (Plänkler), denn mit schlecht ausgebildeten Soldaten war keine Feuerdisziplin zu halten, sollte sich auf allen taktischen Ebenen bewähren und maßgeblich zu den Eroberungen der französischen Truppen beitragen.

1803 wurde aus den Demi-Brigades wieder Regimenter, die Bezeichnung Halbbrigade blieb jedoch für Einsatzverbände aus verschiedenen Bataillonen. Die Massenaushebungen führten bei den französischen Streitkräften zu einer zahlenmäßig starken Infanterie. Bei den ausbildungsintensiveren Waffengattungen wie Artillerie, Kavallerie und den verschiedenen anderen technischen Truppen ließen sich die Mannschaftsstärken nicht so schnell heben, und die Aufstellung neuer Einheiten dauerte, je nach Truppengattung, viele Jahre. Zu den regulären Einheiten von leichter und schwerer Infanterie, Jägern und zahlreichen Truppengattungen der Kavallerie traten noch die Verbände der Garde, die sich wiederum in eine Alte, Mittlere und Junge Garde gliederte. Sie rekrutierten sich aus der Elite der Armee und galten als Napoleons Leibgarde, der häufig der Kampf um wichtige Schlüsselstellungen zufiel.

Die Uniformierung der französischen Truppen war nicht nur durch die Vielzahl der Truppengattungen ein sehr komplexes Gebiet. Durch die Revolutionswirren und die folgende Aufstellunge neuer Bataillone, war die Versorgungslage sehr angespannt und es fehlte an Allem. Man ließ bei ortsansässigen Schneidern Uniformen anfertigen oder trug alte Bestände auf. Hinzu kam, daß die neue, freiheitlich-revolutionäre Grundhaltung der Franzosen keine übermäßig formale Disziplin aufkommen ließ. So gab es viele Eigenheiten, die durch die Vorlieben der jeweiligen Kommandeure zu erklären sind, wie auch Eigenmächtigkeiten der Soldaten, die sich nicht unbedingt an die Bekleidungsvorschriften hielten.

Ein Patriot der 102e Demi Brigade de Ligne anno 1796. Seine Einheit wurde im Jahre 1791 als 1er Bataillon des Gardes Nationales Volontaires du Haut-Rhin im Elsaß aufgestellt.
Er trägt die 1793er Montur über seiner farbigen Weste. Die roten Epauletten zeichnen ihn als Grenadier aus. Seine Kopfbedeckung ist der beliebte Zweispitz an dem eine Stoffkokarde in den französischen Farben getragen wurde. Die weitere Dekoration variierte stark, sie konnte aus einem gefärbten Haarschweif wie hier im Foto, einem Federstutz oder einem Wollpompon bestehen. Bei der Waffe handelt es sich um das Infanteriegewehr Modell 1777.

Besonders in den frühen Jahren der Napoleonischen Kriege gaben die französischen Truppen daher ein eher buntes Bild ab, daß hervorragend von den Volontaires wiedergegeben wird. Die ganze Vielfalt der französischen Armee kann anhand der wenigen Fotos nur angedeutet werden und muß einem eigenen späteren Band vorbehalten bleiben.

(Oben und gegenüber) Ein besonderes Anliegen verfolgen die Darsteller der deutschen Gruppe 102e Demi Brigade de Ligne. Sie folgen ihren historischen Vorgängern genau im Abstand von 200 Jahren. Dementsprechend machen sie alle Änderungen in Uniformierung und Ausrüstung, aber auch der Bezeichnungen ihres Verbandes mit. Ihr Erscheinungsbild korrespondiert daher eigentlich nicht mit den anderen vorgestellten Gruppen, da diese schwerpunktmäßig die Jahre 1809 bis 1815 darstellen, während sich die 'ex Volontaires' noch im Jahre 1796 befinden. Sie vermitteln jedoch eindrucksvoll das Auftreten der Revolutionsarmee, mit all ihren typischen Unregelmäßigkeiten.

Da in den Jahren nach der Revolution in Franreich Ausrüstungsteile und Uniformem Mangelware waren, sind auf dem Foto gegenüber allein drei verschiedene Mäntel zu erkennen. Bei den Lederhelmen mit Pelzbesatz handelt es sich um das wenig beliebte Modell 'Tarleton' von 1791.

(Rechts) 'En avant' - Die Entscheidung eines Gefechtes und natürlich die Vernichtung des Gegners war oftmals die Folge eines mit Wucht ausgeführten Bajonettangriffs. Der Soldat im Vordergrund trägt nur seine Weste anstatt der blauen Montur.

85

(Oben) In Frankreich herrschte ein ähnlicher Mangel an Blankwaffen wie später in Preußen. Regulär sollten daher nur Unteroffiziersdienstgrade einen Säbel führen. Dieser Sergent (rechts) führt den Säbel für Mineure, da ein Grenadierssäbel wohl nicht zur Verfügung stand. Die an einer Kordel getragene gläserne Feldflasche ist zum Schutz mit einem Weidengeflecht umgeben. Sie mußte privat beschafft werden, da sie nicht zur Standardausrüstung der französischen Armee gehörte. Entsprechend vielfältig waren die anzutreffenden Modelle. Bei dem Kind handelt es sich um den Trommler der Einheit. Vielfach kamen sie aus den Waisenhäusern der Stadt.

(Links) Lagerwache in der Morgendämmerung. Die Zelte entsprechen den damaligen Originalen. Bei dem Mantel handelt es sich interessanterweise um einen 'erbeuteten' preußischen Wachmantel, der aus Wolldecken gefertigt wurde, da in Preußen über Jahrzehnte keine Mäntel an die Truppen ausgegeben wurden.

(Oben, rechts) Die übliche Formation zur Feueröffnung war die Linie zu zwei Gliedern. Nach dem französischen Reglement kniete die erste Reihe nieder, die zweite schoß über sie hinweg.

(Rechts) Voltigeure der 9e Demi-Brigade Légère. Sie tragen einen Tschakobezug mit aufgemalter Nummer, durchaus nichts Ungewöhnliches.

(Außen rechts) Die zwei diagonalen Streifen an den Unterarmen weisen diesen Darsteller als Caporal aus, der ebenfalls die sehr beliebten roten Epauletten der Grenadiere trägt. Unter der Montur trägt er eine blaue Weste. Hosen wurden in fast allen Farben getragen, und zivile Bekleidungsstücke mußten oft die fehlenden Uniformteile ersetzen.

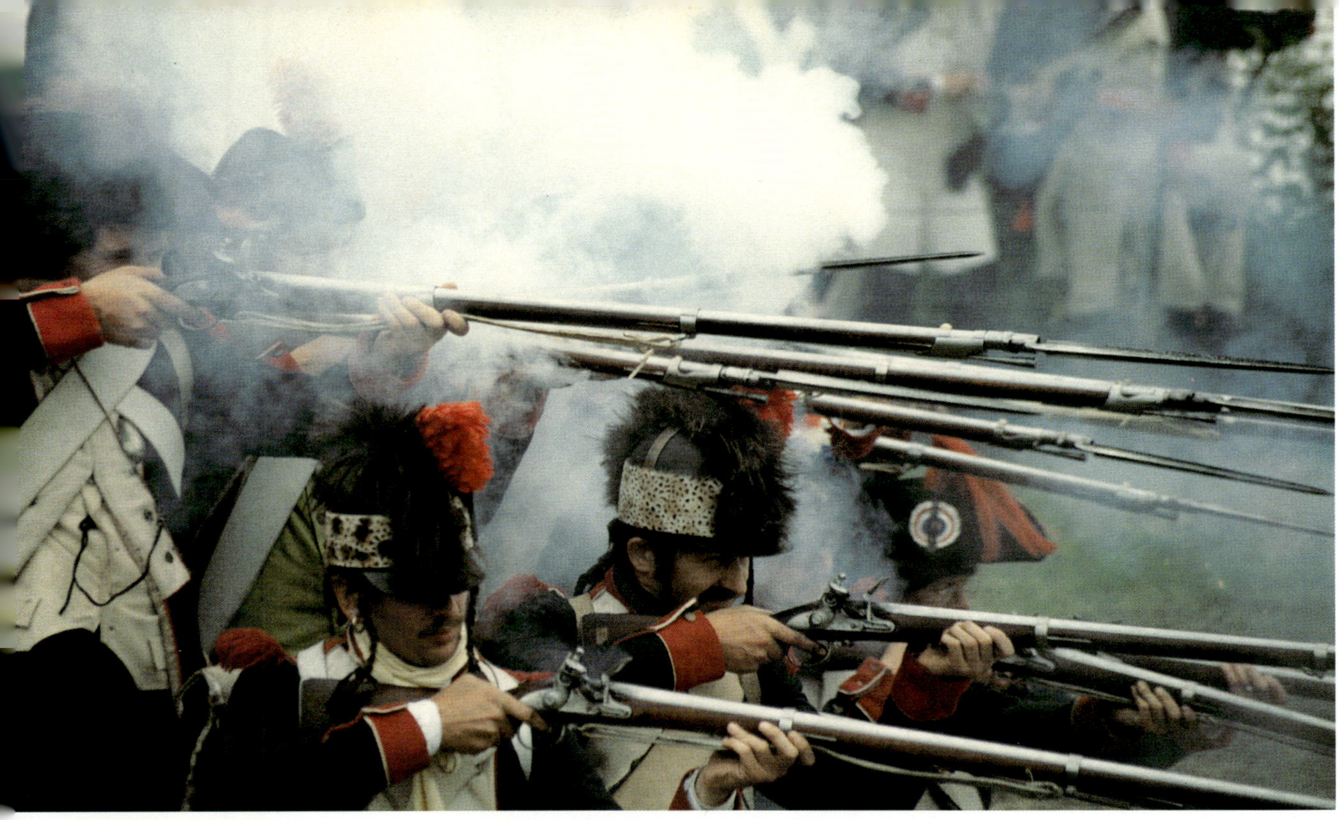

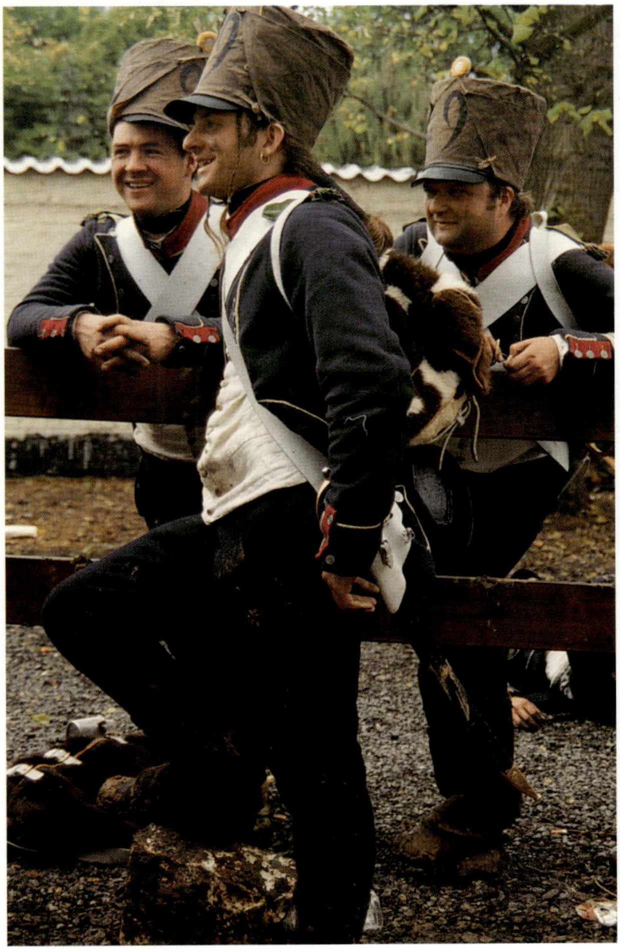

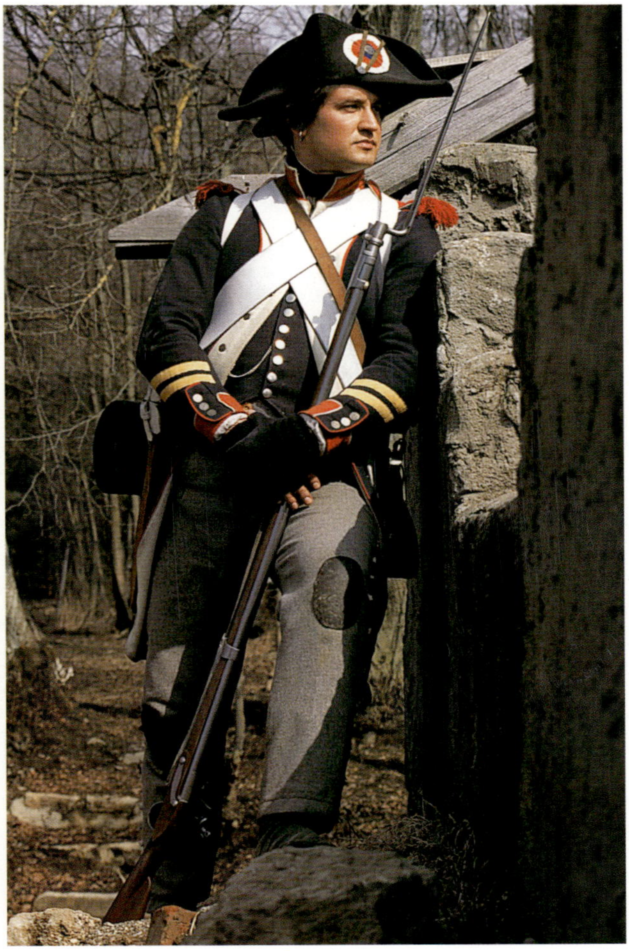

(**Oben**) Zur Ausrüstung des französischen Infanteristen gehörte neben den üblichen persönlichen Gegenständen, seinem Waschzeug und Waffenzubehör noch der 'Sac à distribution'. Dieser stabile große Sack leistete beim Plündern und Requirieren gute Dienste. Ersatzschuhe waren in den frühen Jahren der Napoleonischen Kriege wohl Luxus, denn zeitgenössische Quellen berichten immer wieder von barfuß kämpfenden Soldaten. Die leichte weiße Weste konnte bei Kälte unter der Montur getragen werden. Die weißen Hosen und ebensolche Gamaschen befanden sich zum Schutz ebenfalls im Tornister und wurden im Feld normalerweise nicht getragen. Mit dem auf den Gamaschen liegenden Metallhaken wurden deren Knöpfe geschlossen. Neben der Lagermütze liegt, zusammengerollt, die einfache rote Schlafmütze. Der Tornisterinhalt stammt wohl von einem Unteroffizier, denn er verfügte über eine Ausgabe des 1791er Exerzier-Reglements.

(**Links**) Sapeur der Garde-Grenadiere. Er trägt als Abzeichen die gekreuzten Äxte und darüber eine Granate. Der weiße Tschakobehang ist hier deutlich zu erkennen. Die Sapeurs trugen im Gegensatz zu der Grenadieren keinen Beschlag an der Pelzmütze. Das tragen eines Vollbarts war für alle Sapeurs vorgeschrieben.

(**Rechts**) Angehörige der Grenadier-Kompanie des 111. Linien-Infanterie-Regiments. Sie tragen die für Grenadiere typischen roten Epauletten sowie rote Besatzstreifen und Pompons am Tschako. Die Mannschaften tragen bereits die 1810er Variante des Tschakobeschlags, während der Sergent noch das alte Modell von 1806 trägt.

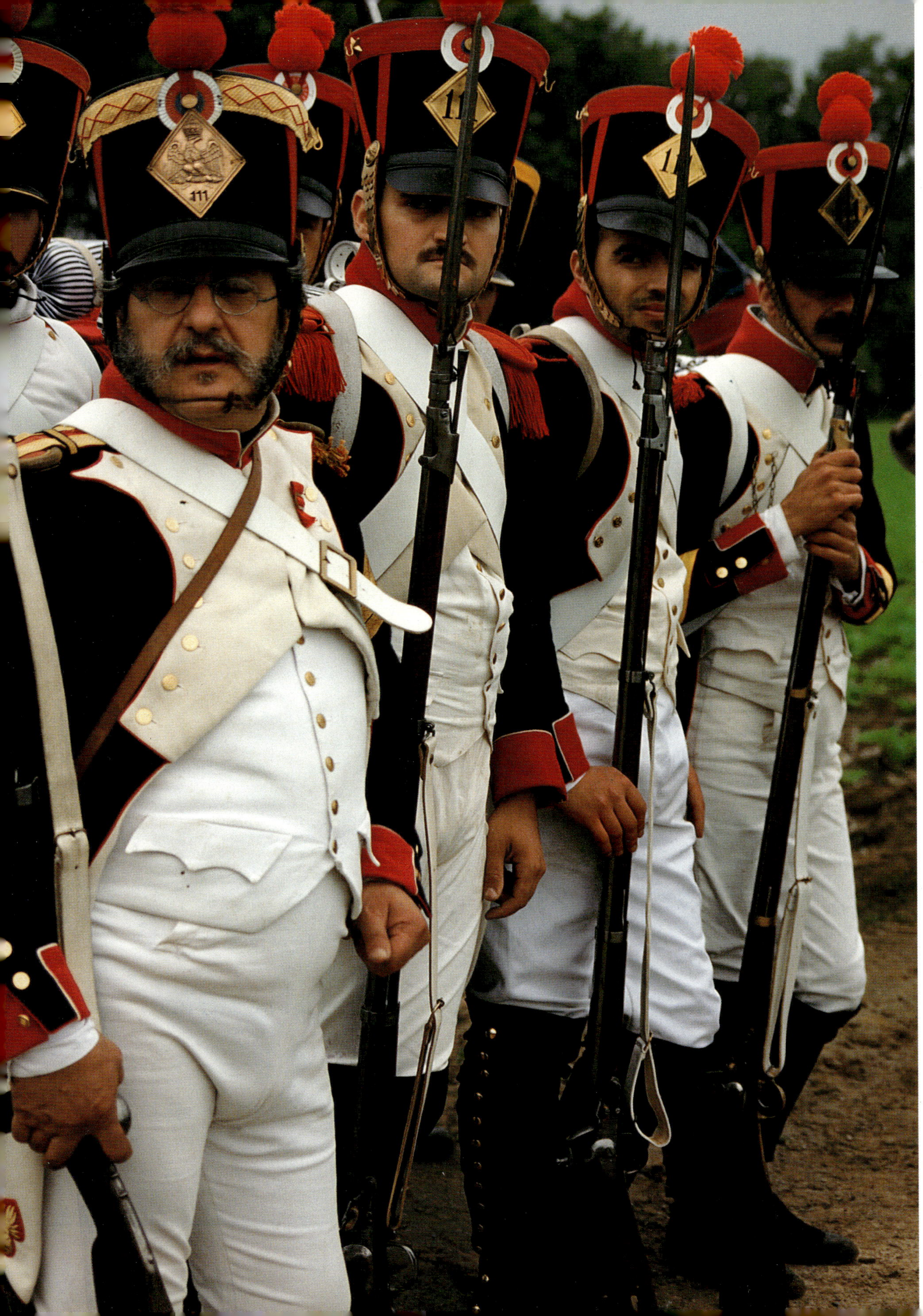
111

(Oben) Die leichte oder Voltigeur Kompanie eines Linien-Infanterie-Regiments sollte den Gegner beschäftigen und ihm Verluste zufügen. Ihr kam aber auch der Einsatz in unwegsamen oder durchschnittenen Gelände, wie hier im Wald, zu. Der Offizier ist an seinem goldenen Tschakozierat, dem Ringkragen und dem Degen zu erkennen.

(Links) Chasseurs bergen einen verwundeten Kameraden vom Schlachtfeld. Als Behelfstrage benutzen sie ihre Gewehre. Die Chasseure waren an den grünen Kordons am Tschako und den grünen Epauletten zu erkennen. Sie trugen als Beschlag der Patronentasche ein gelbes Jagdhorn, daß beim Jäger rechts jedoch fehlt.

(Rechts, oben) Grenadiere der Linie und der Garde in einem gemeinsamen Sturmangriff auf die alliierten Stellungen am Mont St. Jean während Waterloo, 1995. Aus Sicherheitsgründen wurden keine Bajonette aufgepflanzt, aber diese Regelung wird nicht immer respektiert.

(Rechts) Die roten Epauletten mit Fransen zeichnen diesen Marine-Artilleristen als Feldwebel aus. Unteroffiziere trugen Epauletten ohne Fransen, Mannschaften einfache Schulterklappen. Das Tschakoemblem ist das 1812er Modell, zu dieser Zeit wurden die Marine-Artillerie-Regimenter schon als Infanterie eingesetzt.

(Außen rechts) Zu den ausländischen Truppen in französischen Diensten zählten auch polnische Ulanen. Gelbe Abzeichenfarbe trug das 19. und 20. Regiment. Ihre Kopfbedeckung war das Tschapka, Hauptwaffe die Kavallerielanze. Manchmal eifern die britische Kavalleristen der 12th Light Dragoons dieser Uniform nach.

91

(Oben) Während der Schlacht bei Waterloo kam es mehrmals zu blutigen Kavalleriegefechten, in deren Verlauf Einheiten fast völlig aufgerieben wurden. Ein Problem der Kavallerie war, daß sowohl Offiziere als auch Mannschaften nur schwer wieder zu bremsen waren, wenn man ihnen einmal den Befehl zum Einsatz gegeben hatte. So kam es vor, daß Attacken erheblich weiter in die gegnerischen Linien getrieben wurden als nötig und auch befohlen war. Dabei löste sich die Schlachtordnung der Formation immer weiter auf und die Pferde verloren an Kraft. Wenn der Gegner dann mit frischen Kräften einen Gegenangriff ritt, war das Ergebnis meist vorprogrammiert. Hier wird ein Gefecht zwischen britischen 15th Hussars, französischen Husaren und Jägern zu Pferd dargestellt.
(Foto: Peter J. Nachtigall)

(Rechts) Der Umhang dieses Offiziers verdeckt die prächtige Uniform der Chasseurs à cheval de la Garde. Interessanterweise ritt er mit der britischen Kavallerie beim Marsch der preußischen Brigade 1995. Reenactment verbindet Nationen.

(Oben und oben, rechts) Zwei Husaren des 7. Husaren-Regiments. Der Reiter links trägt seinen Pelz über dem Dolman, während rechts nur der Dolman getragen wird. Hier kann man gut die unterschiedlichen Farbstellungen dieser zwei Bekleidungsstücke vergleichen. Rechts ist auch die Husarenschärpe und die Kokarde an der Pelzmütze sehr schön zu erkennen. Die Hauptwaffe der Husaren war der Säbel Modell 1786, weiterhin verfügten sie auch noch über einer Karabiner. Die seitlich auf ganzer Beinlänge geknöpfte Überhose mit Lederbesatz war im Feld häufig anzutreffen.

(Rechts) Die Trompeter der französischen Husaren trugen ihren Dolman in anderen Farben als der Rest des Regiments. 1812 versuchte man per Bekleidungsvorschrift einheitliche Uniformen für alle Regimentsmusiker einzuführen. Diese Anweisungen wurden aber wohl nicht nur von den Husaren ignoriert.

(Gegenüber, oben) Zum Auftrag der Husaren gehörten auch Überfälle auf gegnerische Truppen. Während des Marsches der preußischen Brigade, 1995, hätte die Geschichtsschreibung fast einen neuen Verlauf genommen, als Darsteller des 7. Husaren-Regiments 'General Gebhard Leberecht von Blücher' äußerst hart bedrängten.

(Gegenüber, unten links) Die Kürassiere zählten zur schweren Kavallerie. Sie trugen einen Kürass genannten Brust- und Rückenpanzer sowie einen Metallhelm mit Kamm und Roßhaarschweif. Die Unterscheidung der 14 Regimenter erfolgte anhand der Farbstellung von Kragen, Ärmelaufschlag mit Patte sowie des Schoßumschlages. Hierbei handelt es sich um einen Feldwebeldienstgrad des 1er Regiment.

(Gegenüber, unten rechts) Zur Truppengattung der Ulanen zählten auch die Lanciers de la Garde, hier vom 2. Regiment.

(Umseitig) Dieser berittene Stabsoffizier in seiner reich mit Tressen und Litzen besetzten Uniform wird durch die rot-goldene Armbinde als Ajudant eines Divisions-Generals ausgewiesen.

(Oben und rechts) Reitender Jäger des 1er Regiment Chasseurs à Cheval. Er ist mit dem leichten Kavalleriesäbel Modell AN XI (Jahr 11) der nachrevolutionären Zeitrechnung bewaffnet, weiterhin gehörte ein Karabiner und eine oder zwei Pistolen zu seiner Ausstattung. Der den Chasseurs 1806 befohlene Tschako war sehr unbeliebt und die Regimenter zögerten seine Einführung so lange als möglich hinaus. Als Abzeichenfarbe zu den grünen Monturen des 1808 eingeführten Modells wählten viele der Regimenter verschiedene Rottöne.